"十四五"国家重点图书
国家重大出版工程

G / 中国国家人文地理

宁夏
固 原

《中国国家人文地理》编委会 编

国家出版基金项目
NATIONAL PUBLICATION FOUNDATION

中国地图出版社·北京

图书在版编目（CIP）数据

固原／《中国国家人文地理》编委会编．－－北京：中国地图出版社，2024.1
（中国国家人文地理）
ISBN 978-7-5204-3517-8

Ⅰ．①固… Ⅱ．①中… Ⅲ．①固原－概况 Ⅳ．① K924.33

中国国家版本馆 CIP 数据核字（2023）第 193371 号

固原（中国国家人文地理）
GUYUAN（ZHONGGUO GUOJIA RENWEN DILI）

出版发行	中国地图出版社		
社　　址	北京市白纸坊西街3号	邮政编码	100054
电　　话	010-83543926	网　　址	www.sinomaps.com
印　　刷	河北环京美印刷有限公司	经　　销	新华书店
成品规格	185mm×250mm	印　　张	18
字　　数	280千字		
版　　次	2024年1月第1版	印　　次	2024年1月第1次印刷
定　　价	158.00元		

书　　号	ISBN 978-7-5204-3517-8	
审 图 号	GS京（2023）0590号	

如有印装质量问题，请与我社发行部联系

中国国家
人文地理

《中国国家人文地理》编辑委员会

总 顾 问：**孙家正** 第十一届全国政协副主席
顾　　问：**吴良镛** 中国科学院院士、中国工程院院士
　　　　　柳斌杰 第十二届全国人大教科文卫委员会主任委员
　　　　　王家耀 中国工程院院士
　　　　　陆大道 中国科学院院士
　　　　　单霁翔 故宫博物院原院长
　　　　　潘公凯 中央美术学院教授、著名艺术家
　　　　　唐晓峰 北京大学教授
主　　任：**王广华** 自然资源部部长
副 主 任：**王春峰** 自然资源部原党组成员
　　　　　范恒山 国家发展改革委原副秘书长
执行主任：**王宝民** 中国地图出版集团董事长
　　　　　温宗勇 北京城市学院副校长
委　　员（按姓氏笔画排序）：
　　　　　吕敬人 清华大学教授
　　　　　华林甫 中国人民大学教授
　　　　　李永春 自然资源部地理信息管理司司长
　　　　　李瑞英 中央广播电视总台电视播音指导
　　　　　宋超智 中国测绘学会理事长
　　　　　张拥军 中央网信办网络综合治理局局长
　　　　　陈胜利 文化和旅游部中国数字文化集团总编辑
　　　　　陈洪宛 国家发展改革委财政金融和信用建设司司长
　　　　　陈德彧 民政部区划地名司副司长
　　　　　武文忠 自然资源部总规划师
　　　　　武廷海 清华大学教授
　　　　　周尚意 北京师范大学教授
　　　　　凌　江 生态环境部综合司督察专员
　　　　　黄贤金 南京大学教授
　　　　　鲁西奇 复旦大学教授

《中国国家人文地理》宁夏回族自治区编纂指导委员会

主　　任：周庆华　宁夏回族自治区党委宣传部常务副部长

副 主 任：常晋宏　宁夏回族自治区自然资源厅党组书记、厅长
　　　　　蔡　菊　宁夏回族自治区党委宣传部副部长、文化和旅游厅党组书记、厅长
　　　　　马英俊　宁夏回族自治区党委宣传部副部长、新闻出版局（版权局）局长
　　　　　马文锋　宁夏社会科学院党组副书记、院长

委　　员：雍建华　银川市委常委、秘书长、宣传部部长
　　　　　王正儒　石嘴山市委常委、宣传部部长
　　　　　高建博　吴忠市委常委、宣传部部长
　　　　　褚一阳　固原市委常委、宣传部部长
　　　　　高　鹏　中卫市委常委、宣传部部长

《中国国家人文地理·固原》编辑委员会

主　　任：褚一阳　固原市委常委、宣传部部长

副 主 任：宋亚俊　固原市委宣传部副部长、文明办主任
　　　　　毛兆平　固原市委宣传部副部长、新闻出版局局长

委　　员：马辉春　张劲华　任永峰　刘杏萍　田鹏飞
　　　　　文丽荣　米　广　祁　强　刘永龙　张　杰
　　　　　刘世贤　刘　瑾　孙建军　陈　显　张　强
　　　　　王双贵　杜　鑫　何学义　杨生智　宋兆璠
　　　　　李育龙　李国帅　杜彦荣　杨建军　邵春霞
　　　　　李耀星　杨　军　杨　荣　赵　静　郭　隗
　　　　　樊　勇　翟敬军

《中国国家人文地理》编辑部

主　　任：陈　平　徐根才
执行主任：陈　宇　卜庆华
编　　辑：方　芳　赵　迪　苏文师　张　娴
　　　　　高红玉　周秀芳　周怡君　孙　竹
　　　　　张宏年　董　明　甄艺津

《中国国家人文地理》战略合作：
　　北京市测绘设计研究院

《中国国家人文地理·固原》编辑部

主　　任：毛兆平
成　　员：丁　正　马　倩　马彩虹　马文海
　　　　　安　磊　苏　琴　李飞龙　苏明珠
　　　　　杨永成　保宏彪　柳银强　顾　伟
　　　　　牛红旗　祁学斌　李春发　曹　超
　　　　　马卫东　朱秀玲　剡文鑫

目 录

- 1 总序
- 3 序
- 8 固原名片
  - 8 萧关古道
  - 10 丝路明珠
  - 12 红色沃土
  - 14 避暑胜地

- 001 固原概况
  - 002 地理位置
  - 002 行政区划
  - 002 地形地貌
  - 004 气候
  - 005 人口
  - 006 资源环境
  - 010 经济

- 015 固原史话
  - 018 关陇锁钥
  - 022 始皇初巡

026　两汉封郡

030　北周福地

034　萧关所在

038　九边重镇

043　红色固原

044　单家集夜话

048　翻越六盘山

050　激战青石嘴

054　夜宿乔家渠

058　将台堡会师

064　早期党的政权组织

068　地下党组织的活动

072　任山河之战

077　丝路遗珠

078　固原古城

084　萧关古道

090　北朝隋唐墓地

096　开城遗址

101　人文菁华

102　先民遗迹

110　城垣沧桑

132　石窟造像

　　146　建筑遗珍

151　山水览胜

　　152　六盘山国家森林公园

　　158　火石寨国家地质公园

　　166　老龙潭

　　170　胭脂峡

　　174　固原梯田

　　178　西吉震湖

　　180　朝那湫渊

　　182　茹河瀑布

185　"非遗"民俗

　　186　多彩"非遗"

　　204　民间文艺

211　物产美食

　　212　特色物产

　　216　风味美食

　　226　面食大观

233　发展成就

　　234　脱贫圆梦小康圆满

235 经济增质民生增福

236 生态变优环境变好

240 城市更靓农村更美

242 改革破局开放破题

244 民族和睦社会和谐

247 城市蓝图

250 建设宁夏副中心城市

252 建设生态文旅特色市

253 建设高质量发展先行市

254 建设乡村全面振兴样板市

256 建设铸牢中华民族共同体意识示范市

258 附录

总 序

《周易》曰："观乎人文，以化成天下""仰以观于天文，俯以察于地理，是故知幽明之故"。察地理、观人文，体现的是中华民族对自然环境和社会人文的关注，是道法自然与教化天下的情怀。

中华民族有5000多年连绵不断的文明史，而承载中国历史文化的地理空间是广袤复杂的。在一个辽阔的地域上，由于地理环境、人群构成、社会历史发展进程的不同，自然、经济、人文、社会等诸方面存在着明显的地域差异，也孕育了不同特质、各具特色的地域景观。

中国是一个统一的多民族国家，中华文化是丰富多彩又浑然一体的文化。一方水土养一方人，一方水土孕育一方文化，一方文化影响一方经济、造就一方社会。不同个性特质、各具鲜明特色的地域文化，不仅是源远流长的中华文化的有机组成部分，也是中华民族的宝贵财富。地域文化的发展既是地域经济社会发展不可忽视的重要组成部分，又是地方经济社会发展的窗口和品牌，已成为增强地域经济竞争能力和推动社会快速发展的重要力量。

这套《中国国家人文地理》丛书，以地级行政区域为地理单位，从时间和空间两个维度，以历史为线索，以地理为载体，权威、立体、详细地展现地域的历史文化、人文资源、地理国情、生态环境以及经济社会发展，并归纳提炼出特色地域文化，打造城市名片，可以称得上是一部区域的"百科全书"，对提升城市软实力，扩大对外影响力，助推地方经济和社会发展具有重要意义。其实，这套丛书的意义远远超出地理区域，它展示和讲述的虽然只是一个个具体的局部，但它为人们提供了一个个不同的视角、一个个不同的出发地，让人们多角度地去认识一个多元一体化的伟大国度，从而生动具体地领略它的包容博大、多姿多彩、生机勃勃。正因为如此，这套丛书绝非地域推介的集成，而是一套从个性出发，了解我们国家全貌、民族完整历史的教科书。丛书将文字、图片、地图、信息图表相融合的设计，为传统的图书注入了新的视觉体验，以雅俗共赏的方式将中华文化和各地人文地理的精华呈现给社会大众，为读者带来了一份精彩的文化大餐。

这套丛书从策划到执行，都得到了中央、国家有关部委和地方各级政府的大力支持，并已列入"十三五""十四五"时期国家重点出版物出版专项规划和国家重大出版工程，这体现了国家对它的认可和重视。丛书的出版，必将充分发挥出版记录历史、传承文明、宣传真理、普及科学、资政育人的功能，为弘扬中华优秀传统文化，增强中华文化软实力，扩大中华文化影响力，建设社会主义文化强国作出重要贡献，并为中华文化走出去提供助力。

编撰《中国国家人文地理》丛书是新时代文化领域的一件大事。因此，我欣然为这套丛书作序，并相信全国将会有更多的城市陆续参与到这一大型图书工程中来，共同讲好中国故事，传播好中国声音，凝聚中国力量，建设美丽中国，为中华文化增色添彩。

第十一届全国政协副主席

序

　　固原，地处祖国大西北，位于陇中黄土高原脊脉的六盘山区。在距今约200万年的第四纪黄土生成晚期，就已有人类在此活动。黄土高原黄土层深厚肥沃、疏松易垦的地质特点，使其既适合洞居，又适宜发展农业，这里得天独厚的自然条件使农业生产成为社会经济的主体。

　　固原历史悠久，历来是西北重镇，战略地位突出。"州据八郡之肩背，绾三镇之要膂""左控五原，右带兰会，黄河绕北，崆峒阻南，称为形胜"。秦始皇出回中道巡新秦中，西汉据萧关抵御匈奴，汉武帝六出萧关，东汉皇甫规出安定郡攻伐羌人，赫连勃勃以高平城为第一块根据地建立胡夏，北魏万俟丑奴在高平起义，北周凭关陇集团建立政权，隋炀帝杨广由原州出击突厥，唐原州七关失守与吐蕃划界弹筝峡，宋好水川、定川寨等战役都失利于西夏，元建赫赫王府于开城，明开府三边总制控御西北，清设固原藩屏六盘——形胜为兵家必争。

　　固原集西北农耕文化之大成。新石器时代，固原地区已有人类从事农业活动。商朝，奠定了春耕夏耘秋收冬藏的农业运行基础。西周，游牧经济的上升限制了农业的发展。春秋战国时期，铁制农具广泛使用，牛耕技术推广。秦统一后，向西北边疆不断开拓，加速了农耕文化在固原地区的传播，畜牧生产逐步向农业生产过渡。西汉推行"代田法"，出现了"岁比登稔，百姓殷富，粟斛三十，牛羊被野"的景象。曹魏统一北方，将农业界线稳定在长城沿线，固原地区旱作农业有所恢复。魏晋以来农耕技术更加完善。隋唐时期达到农耕文化史上的高峰。元时中原文化和西域文化等得到融合，构成社会发展史上的新特点。明代固原是朝廷重要的官营畜牧业生产基地，并广泛开展屯田活动。

固原文化底蕴厚重。境内出土的尖底瓶、彩陶、金银铜羊、博山炉及铜提梁器等文物，记录了历代繁荣。有班彪《北征赋》、梁竦《悼骚赋》、皇甫谧《针灸甲乙经》传世。东汉至魏晋时，安定朝那人皇甫谧被公认为著名文学家、诗人、历史学家、教育家和医学家。原州李贤家族，历魏周隋唐四朝。李贤墓出土随葬品770余件，其中鎏金银壶属萨珊波斯王朝的典型工艺品，是研究这一时期中国与西亚文化交流的重要证物。固原南郊隋唐墓中的壁画艺术精美绝伦，集中反映了这一时期丝路文化的多元繁盛与中西艺术在固原的交流荟萃。宋《德顺州志》、明嘉靖《固原州志》、明万历《固原州志》皆为记录固原历史的珍贵文献史料。

固原人杰地灵，钟灵毓秀。乌氏倮以谷数计算牛马，皇甫谧精研医理，梁氏家族显赫几世，李贤家族扶佑三朝皇室，刘锜及吴氏三代抗金，董福祥英勇抗击八国联军……众多英豪使山河生色，激后人奋进。中国工农红军长征经过固原建立红色政权，毛泽东一阕《清平乐》成千古绝唱。

巍巍六盘山见证变迁，潺潺"五河"水流润山川。改革开放以来，特别是党的十八大以来，在党中央、国务院亲切关怀和宁夏回族自治区党委政府、固原市委市政府的坚强领导下，固原人民发扬"不到长城非好汉"的革命精神，在复兴路上不断奋进。

固原坚决贯彻以人民为中心的发展思想，以实现共同富裕为目标，织密社会保障安全网，促进教育、卫生、文化等社会事业全面发展。产业、金融、消费、旅游、光伏和生态扶贫齐发力，拓宽增收渠道。人民群众过上不愁吃、不愁穿，义务教育有保障、基本医疗有保障、住房安全有保障的"两不愁三保障"生活。从贫困地区到四县一区全部脱贫摘帽，固原市彻底揭掉西海固"苦瘠甲天下"的历史标签，万众一心铸就全面小康丰碑，创造了脱贫奇迹，书写了中国减贫方案的固原样本。

固原以前所未有的力度抓生态文明建设，生态环境持续改善。推进山林权改革，落实确权、赋能、增效、增绿、护绿五项任务，围绕持续增绿扩绿，扎实推进乡村建设行动，着力打造生态宜居、洁净美丽的乡村乐园。天蓝、山绿、水清成为今日固原的亮丽标签，绿色成为固原最鲜艳的发展底色，良好生态环境成为固原的最大优势和宝贵财富。

固原牵住产业"牛鼻子"，完整、准确、全面贯彻新发展理念，以供给侧结构性改革为主线，全产业链布局发展"五特五新五优"产业，实施产业千亿倍增计划，发挥资源气候优势，以引育龙头企业为关键，推动产业向高端化、智能化、绿色化、融合化方向发展。

固原全面培育和践行社会主义核心价值观，实施精神文明建设提质工程，开展文明素养提升行动，推进移风易俗、塑形铸魂齐抓共管，推动社会文明程度不断提高。以党建引领基层治理，以文化精神赋能基层治理，不断加强和改进治理机制，通过发挥基层党组织战斗堡垒作用，构建自治、法治、德治相结合的乡村治理体系。统筹推进"五位一体"总体布局，协调推进"四个全面"战略布局，基层治理体系和治理能力现代化水平不断提高，为经济社会高质量发展打下坚实基础。

《中国国家人文地理·固原》用大量翔实的文字和精美的图片，系统介绍固原的自然风光、人文历史和发展成就，是人们了解固原的窗口。此书的出版必将有力推介和宣传固原，推动固原走进更大的社会视野，为固原在新时代赢得高质量发展作出贡献。

《中国国家人文地理·固原》编辑委员会

2023年10月

固原名片

萧关古道

固原，简称「固」，古称大原、高平。萧关不但是汉唐时期拱卫关中的西北屏障，且为有「四塞之固」美誉的关中定义了北部边界，更孕育了丝绸之路东段北道的另一种称谓——萧关道。从长安（今陕西西安）出发沿泾水向西北方向进发，穿过萧关进入固原，循清水河西行渡过黄河就进入了河西走廊——汇入通往西域的丝绸之路大动脉。在两千多年的历史长河中，萧关古道就像一条丝带，连接着宁夏与关中、西域的商贸往来与文明传播，成为古代中西经贸文化交流的重要载体。

丝路明珠

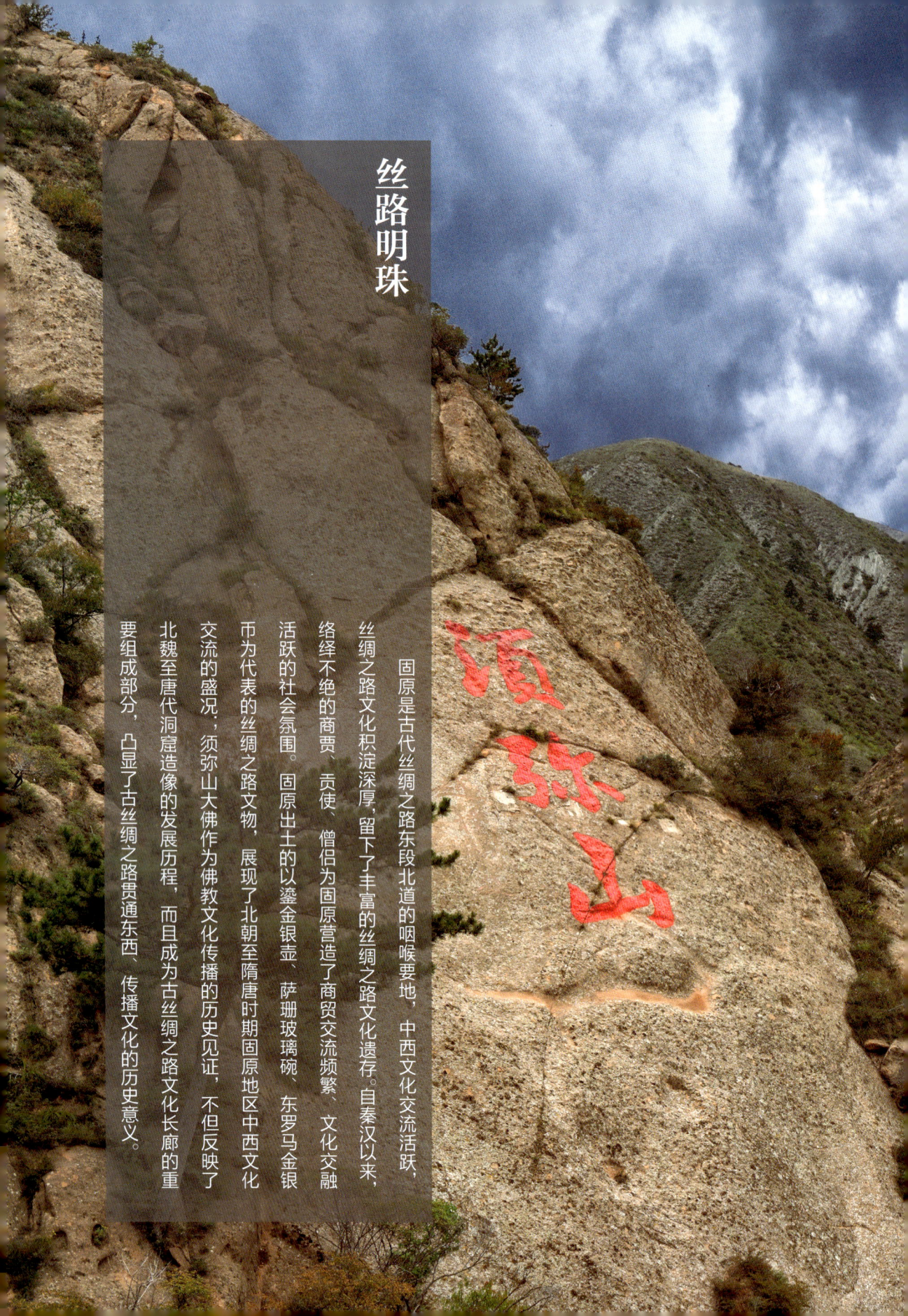

固原是古代丝绸之路东段北道的咽喉要地，中西文化交流活跃，丝绸之路文化积淀深厚，留下了丰富的丝绸之路文化遗存。自秦汉以来，络绎不绝的商贾、贡使、僧侣为固原营造了商贸交流频繁、文化交融活跃的社会氛围。固原出土的以鎏金银壶、萨珊玻璃碗、东罗马金银币为代表的丝绸之路文物，展现了北朝至隋唐时期固原地区中西文化交流的盛况；须弥山大佛作为佛教文化传播的历史见证，不但反映了北魏至唐代洞窟造像的发展历程，而且成为古丝绸之路文化长廊的重要组成部分，凸显了古丝绸之路贯通东西、传播文化的历史意义。

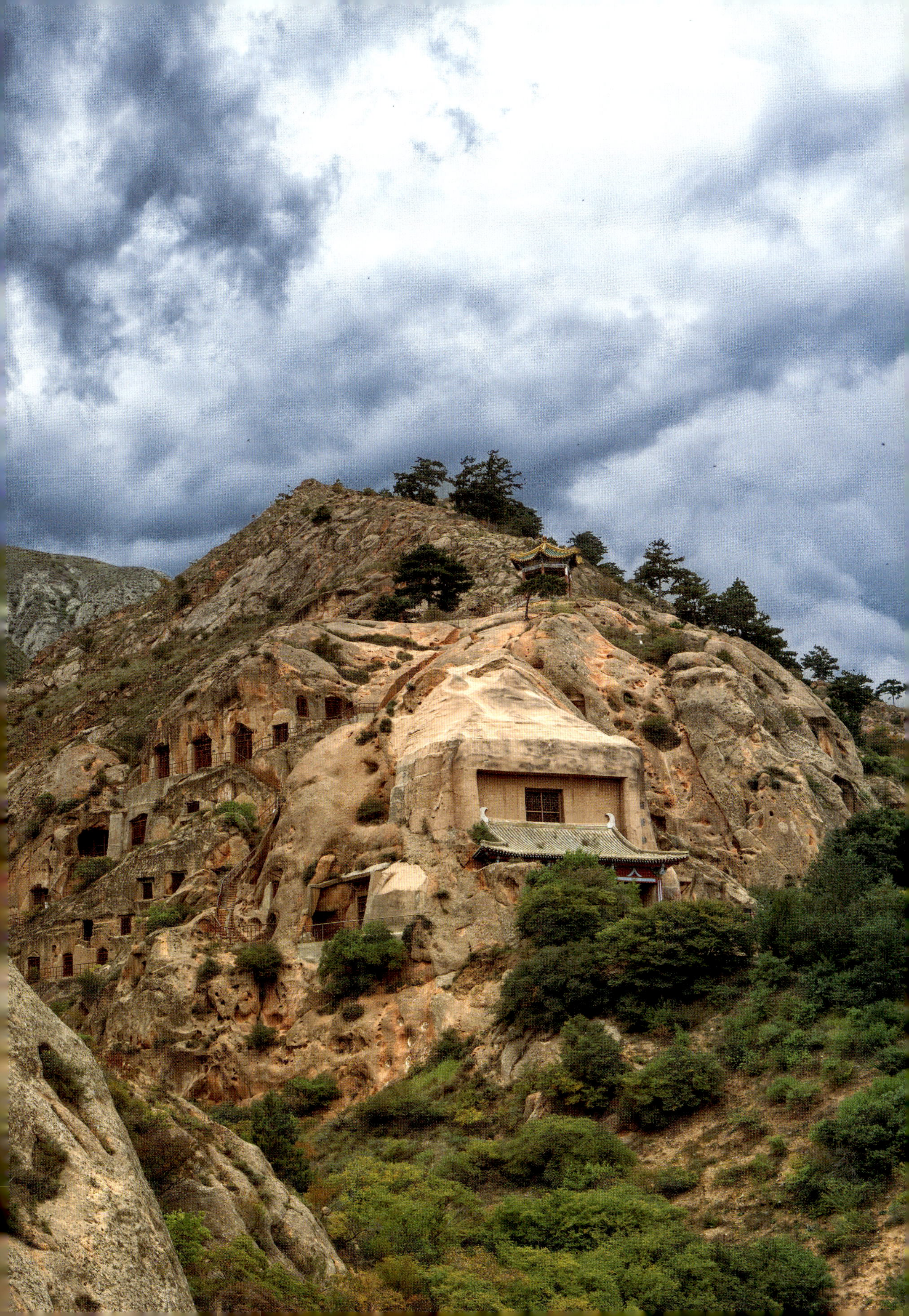

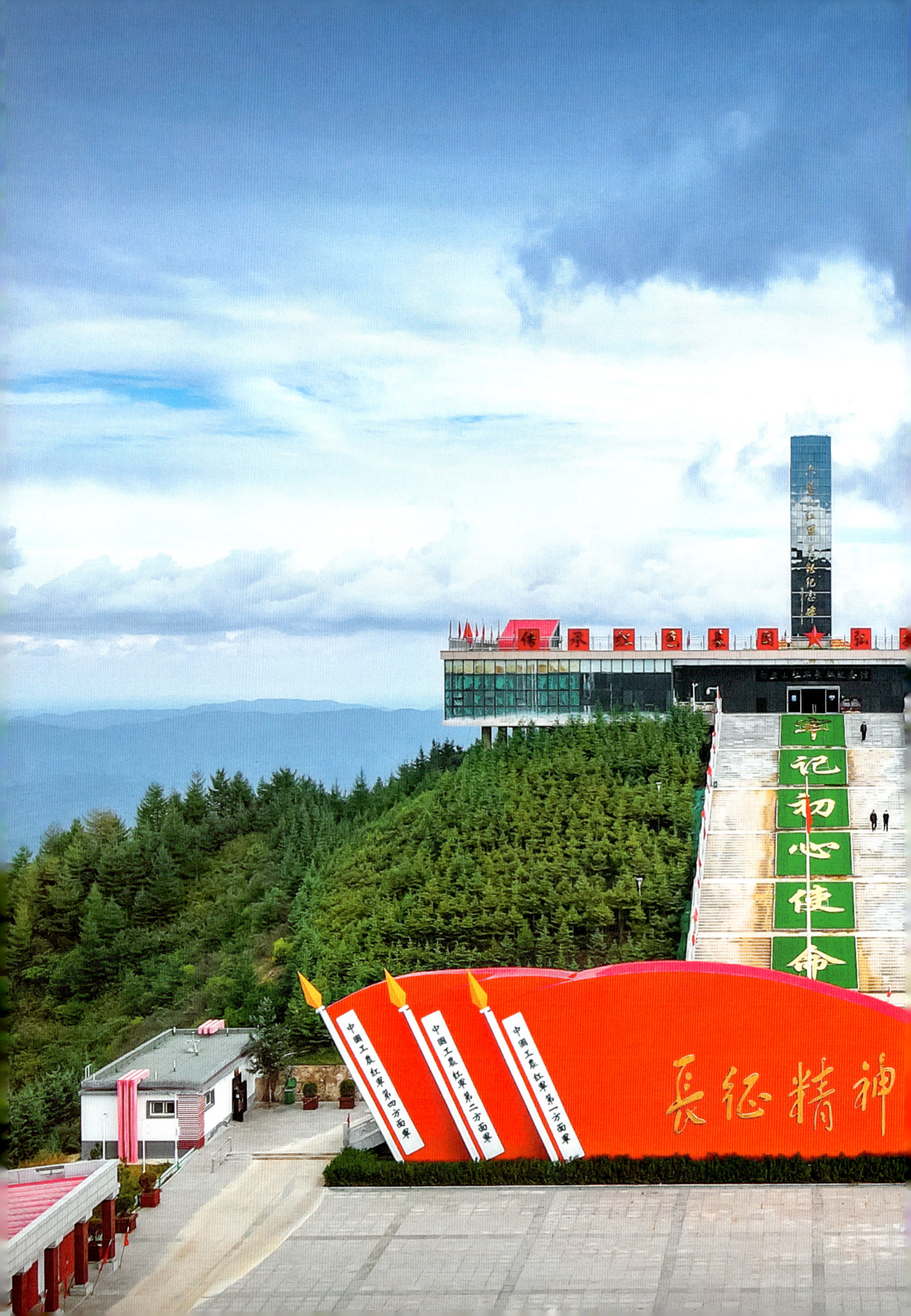
牢记初心使命
中國工農紅軍第四方面軍
中國工農紅軍第二方面軍
中國工農紅軍第一方面軍
長征精神

红色沃土

固原红色文化积淀深厚，革命遗迹众多，以中共地下党组织活动、单家集夜话、将台堡会师为代表的红色故事广为传颂。固原地区中共地下党组织的积极活动，既在当地传播了革命火种与共产主义理想信念，又为陕甘宁革命根据地的创建奠定了群众基础。红军长征三过单家集，不但留下了「回汉兄弟亲如一家」的民族团结佳话，而且有力巩固了抗日民族统一战线。红军两大主力在将台堡的胜利会师，为战略转移的成功实现和中国革命的最终胜利创造了条件。

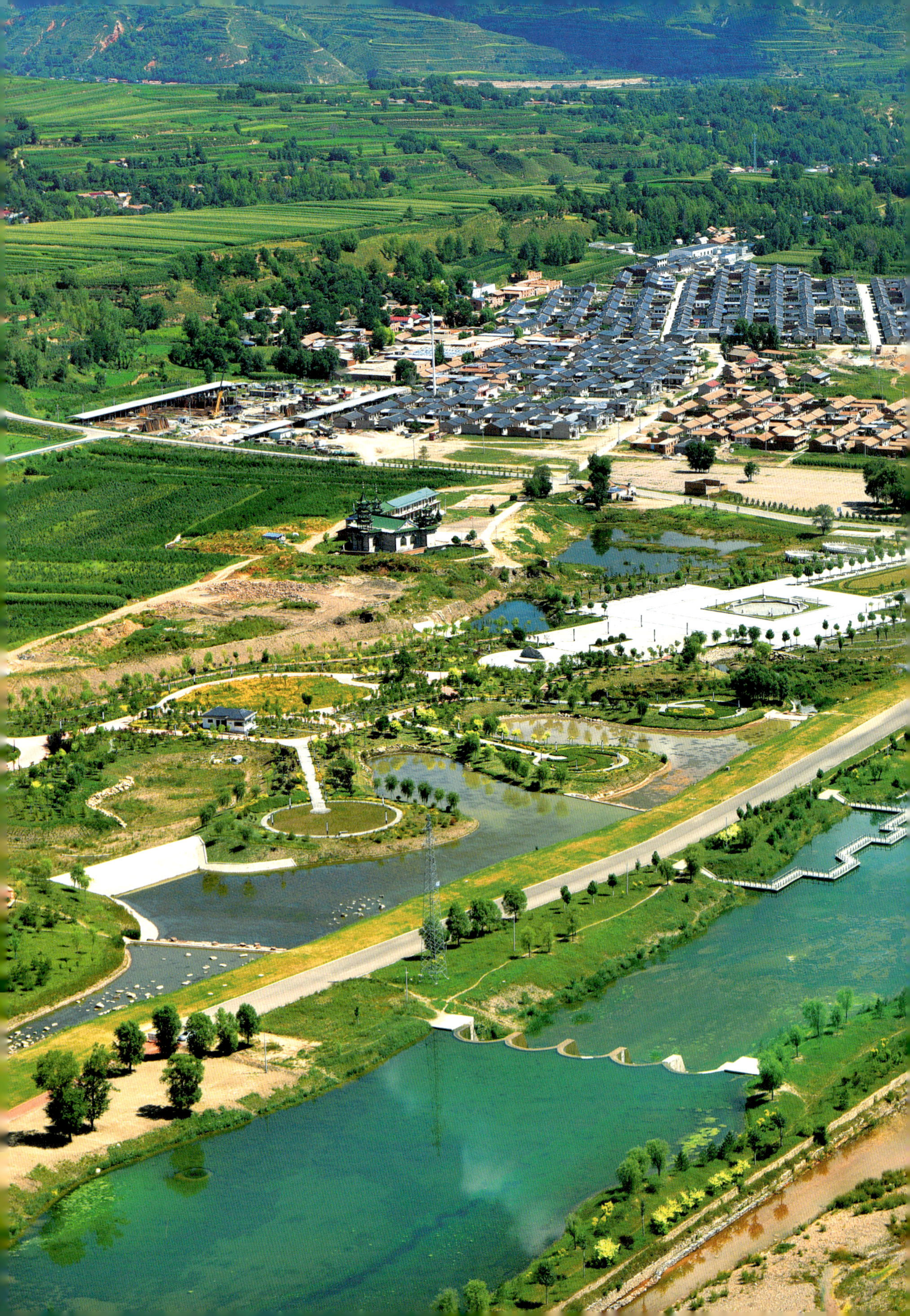

避暑胜地

固原山川众多，风景优美，蓝天白云、青山绿水、宜居宜游。夏季平均气温只有十八摄氏度，舒适凉爽时间占夏季日数的百分之九十一以上，全年空气质量优良比率超过百分之九十二，空气中每立方厘米负氧离子含量最高达一万二千三百个，是清心洗肺的「天然氧吧」，更是名副其实的避暑胜地。

固原在宁夏的位置示意图

宁夏在中国的位置示意图

固原概况

地理位置
行政区划
地形地貌
气候
人口
资源环境
经济

地理位置

固原市位于宁夏回族自治区南部的六盘山地区，东部、南部分别与甘肃省庆阳市、平凉市为邻，西部与甘肃省白银市相连，北部与本区中卫市、吴忠市接壤，处于西安、兰州、银川三个省会（首府）城市的几何中心。

宁夏回族自治区

固原市

固原市面积 10540 平方千米

行政区划

固原市辖原州区、西吉县、隆德县、泾源县、彭阳县，共 1 区 4 县。

地形地貌

固原市地处中国地质地貌南北向界线北段，黄土高原的西北边缘，地势第一阶梯向第二阶梯转折过渡地带。山脉主要有六盘山、月亮山、云雾山，其中六盘山主峰米缸山海拔 2942 米，为固原市最高峰。地貌类型按成因可分为构造山地、堆积侵蚀黄土丘陵和堆积河（沟）谷三大类，按形态可分为侵蚀构造中山、剥蚀构造低山、黄土残塬、黄土梁状、黄土梁峁状、山前洪积扇（带）、河谷冲积平原、沟谷川台和山间洼地八个亚类。

六盘山主峰米缸山
2942 米

固原市最高峰

固原市行政区划示意图

气候

固原市地处西北地区东部半干旱、半湿润过渡带，属大陆性季风气候，具有气候冷凉、昼夜温差大、降水时空分布差异大等气候特征。全年大部分时间受西风环流的支配，夏季受西太平洋副热带高压控制和影响，盛行偏南风；冬季受大陆冷高压控制和影响，盛行偏北风。

固原 气候特点

- 气候冷凉
- 气温日较差大
- 降水分布不均
- 年际变率大

年平均气温	6.1℃ ~ 8.4℃
年降水量	404.8 ~ 658.5 毫米
年平均日照时数	2297.2 ~ 2548.8 小时
年蒸发量	1268.5 ~ 1471.1 毫米

年平均最高气温 12.1℃ ~ 15.6℃

年平均最低气温 0.7℃ ~ 2.6℃

人口

截至 2022 年年末，固原市户籍人口约 145.55 万人，其中汉族人口约 74.16 万人，占全部人口的 50.95%；回族人口约 71.26 万人，占全部人口的 48.96%；其他少数民族人口约 0.13 万人，占全部人口的 0.09%；男女性别比为 107。全市常住人口约 115.19 万人，城镇化率为 44.8%。

44.8%
固原常住人口城镇化率

身着民族服饰的固原群众

资源环境

土地资源

固原市土地总面积为 10522 平方千米。其中：湿地面积占 0.17%，耕地面积占 31.39%，园地面积占 0.33%，林地面积占 39.07%，草地面积占 15.02%，城镇村及工矿用地面积占 5.26%，交通运输用地占比 2.1%，水域水利设施用地占比 1.79%；其他用地面积占 5.80%。

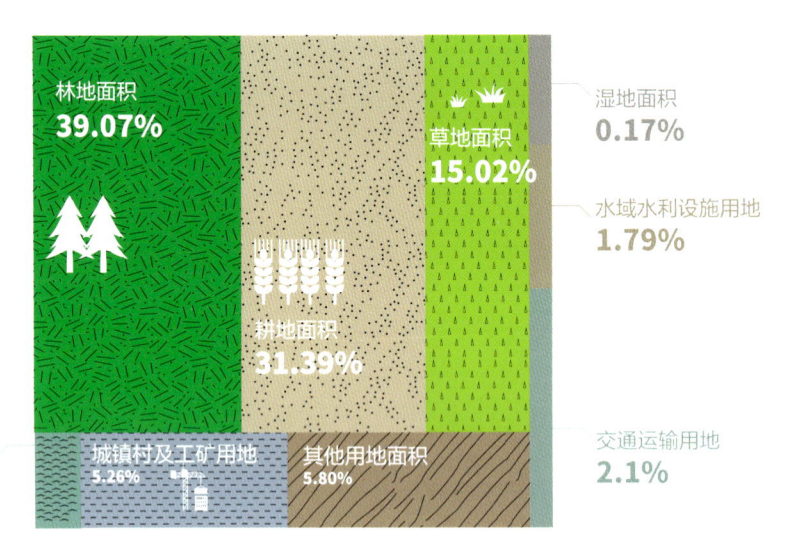

林地面积 **39.07%**
草地面积 **15.02%**
湿地面积 **0.17%**
水域水利设施用地 **1.79%**
耕地面积 **31.39%**
交通运输用地 **2.1%**
园地面积 **0.33%**
城镇村及工矿用地 **5.26%**
其他用地面积 **5.80%**

水资源

固原市境内径流以清水河、泾河、葫芦河、祖厉河等为主，多年平均径流量 5.292 亿立方米，平均径流深 49.7 毫米。地下水资源量 2.659 亿立方米，扣除地下水与地表水资源量之间的重复计算量 2.125 亿立方米，多年平均水资源量为 5.826 亿立方米。

多年平均径流量
5.292 亿立方米

深秋时节的固原六盘山区

林草资源

截至"十三五"末,固原市森林面积达11.66万公顷,森林覆盖率为11.08%,草原综合植被盖度达到90.3%。天然植被以草原植被为主体,森林植被主要分布在六盘山等海拔较高的天然林区。由于气候、土壤和地貌等因素的差异,植被从东南到西北呈森林草原—干草原的水平地带性分布,受六盘山山体垂直影响,植被类型多样。植被总体分布形态为:从北向南为典型草原、灌丛草原和草原化森林草原,六盘山区为山地森林草原区,其中六盘山镇、大湾乡以西的东山至史家庄一带的六盘山主脉为山地森林草原和落叶阔叶林。

森林覆盖率
11.08%

野生动植物资源

固原市有植物 110 科 442 属 1072 种，较 1985 年综合科学考察成果增加了 284 种。其中，国家重点保护植物有桃儿七、黄芪、水曲柳 3 种；经济价值较高的资源植物有 153 种；有药用价值的植物有 69 种；六盘山特有植物 2 种，分别为六盘山棘豆、四花早熟禾。固原市有陆生脊椎动物 25 目 62 科 273 种，较此前考察的 220 种增加了 53 种。其中，被列入国家一级重点保护的动物有金钱豹、林麝、金雕、黑鹳等 9 种，被列入国家二级重点保护的动物有红腹锦鸡、勺鸡、中华鬣羚、中华斑羚等 48 种；六盘山特有动物 2 种，分别为六盘齿突蟾、六盘山蝮。六盘山区域内共有无脊椎动物 13 纲 47 目 332 科 3554 种，其中 150 种为近 20 年科考新发现。

国家一级重点保护动物 9 种：金钱豹、林麝、金雕、黑鹳等

国家二级重点保护动物 48 种：红腹锦鸡、勺鸡、中华鬣羚、中华斑羚等

六盘山特有动物 2 种：六盘齿突蟾、六盘山蝮

云润黄土坡

湿地资源

固原市有湿地约 1733.33 公顷，全部为内陆滩涂，主要分布在原州区、西吉县。

矿产资源

固原市现阶段开发利用的矿种共 9 种，其中煤炭资源量 22.4 亿吨，岩盐资源量 20.4 亿吨，建筑石料用灰岩资源量 2.0 亿吨，建筑用白云岩资源量 2.3 亿吨，建筑用砂资源量 2270.2 万立方米，砖瓦用黏土资源量 1160.0 万立方米，砖瓦用页岩 19.2 万立方米，地下水 40000.0 立方米/天，矿泉水 3015.1 立方米/天。

经济

2022年固原市实现GDP409.68亿元，剔除物价因素，实际比上年增长4.6%。

固原市2021年三次产业比重

- 第一产业 17.1%
- 第二产业 22%
- 第三产业 60.9%

固原市2022年三次产业比重及增加值

- 第一产业 18.2%
- 第二产业 22%
- 第三产业 59.8%

工业

2022年全市工业增加值53.45亿元，同比下降3.0%，工业占GDP的比重为13%，其中规模以上工业增加值同比增长1.7%。

第一产业	第二产业	第三产业
增长 5.5%	增长 2.5%	增长 5.0%
增加值 74.79亿元	增加值 90.01亿元	增加值 244.88亿元

冷凉蔬菜结硕果

农业

固原市农业基础良好，特别是在农业供给侧结构性改革、现代设施农业的快速推进和发展畜牧业的扶持鼓励政策多重因素推动下，全市 2022 年实现农林牧渔业增加值 80.27 亿元，增长 5.5%。

家禽存栏 284.99 万只

蛋禽存栏 238.63 万只

家禽出栏 244.92 万只

肉产量 0.46 万吨

蛋产量 3.28 万吨

小麦总产量
5.06 万吨

玉米总产量
47.32 万吨

马铃薯总产量
24.93 万吨

生猪存栏 14.40 万头
出栏 20.05 万头
猪肉产量 1.58 万吨

牛存栏 66.59 万头
出栏 30.31 万头
牛肉产量 4.87 万吨

羊存栏 91.43 万只
出栏 83.95 万只
羊肉产量 1.47 万吨

原州区彭堡镇姚磨村万亩冷凉蔬菜基地

固原史话

关陇锁钥
始皇初巡
两汉封郡
北周福地
萧关所在
九边重镇

固原历史沿革

旧石器时代
固原境内已有古人类活动

新石器时代
固原出现原始农业

周
周显王四十二年（公元前三二七年），秦惠文王在乌氏（今固原市原州区南）设县，不久增设朝那县（今彭阳县古城镇）

西汉
元鼎三年（公元前一一四年），汉武帝析北地郡置安定郡，郡治高平县（今固原市原州区），揭开了固原的建城史序幕

三国两晋南北朝
北魏太延二年（四三六年），北魏太武帝拓跋焘在固原置高平镇

北魏正光五年（五二四年），现高平镇的原州，北周设原州总管府

隋
大业三年（六〇七年），隋炀帝废原州总管府，设平凉郡

唐
武德元年（六一八年）恢复原州建制

天宝元年（七四二年）改为平凉郡

广德年间（七六三年至七六四年）为吐蕃占据

北宋
在固原地区设镇戎军（今原州区）、怀德军（今原州区黄铎堡镇）、德顺军（今隆德县）

单耳陶鬲

镇墓兽

镇墓武士俑

金

废怀德军,改镇戎军为镇戎州,德顺军为德顺州

元

设开成路、开成州、广安州,统管秦、蜀两地军政的安西王府常驻开成路,彰显了固原西北军政中心的独特区位

明

正统十年（一四四五年）置固原巡检司,以固原"故原州"之名"讳故而改固"得名。成化五年（一四六九年）设固原卫,弘治十五年（一五〇二年）设固原州。固原镇位列九边重镇,三边总制的常驻使其成为西北边防战略中枢

【须弥山大佛】

清

【鎏金银壶】

固原州隶属甘肃省,同治十二年（一八七三年）固原州升为直隶州,宁夏南部政治、经济、文化格局基本形成

民国

一九一三年,固原裁州改为固原县,先后隶属甘肃省泾源道和平凉专区

一九三六年,中国工农红军自陕北西征进入固原,以庙儿掌为中心成立固北县苏维埃政府。固北县赤维埃政府于一九三八年撤销

一九四九年八月二日,固原解放

中华人民共和国

一九五八年,固原由甘肃划归刚刚成立的宁夏回族自治区

二〇〇一年七月,固原撤地设市,固原的城市建设和区域发展进入新的阶段

【镶松石金带饰】

关陇锁钥

关陇地区因关中和陇山（今六盘山）而得名，主要包括今陕西关中、甘肃东部和固原地区。《后汉书·公孙述传》记载的"令汉帝释关陇之忧，专精东伐，四分天下而有其三"之语，充分说明了关陇地区的重要性。函谷关、大散关、武关和萧关分别从东、西、南、北四个方位定义了"关中"的地理概念。萧关所在的固原成为关中盆地北面门户，因"四塞之固"而在军事上具有"外阻河朔，内当陇口，襟带秦凉，拥卫畿辅"的重大作用，为拱卫关中、连通西域的战略要地。

固原作为古代政治经济文化重镇，既是八郡咽喉之地、古代关中西北的天然屏障，更是丝绸之路东段北道的冲要之地、贯通东西的古今通衢。"使者相望于道，商旅不绝于途"，绵延千里的丝路古道打开了中西商贸、文化交融的通道，固原成为丝绸之路的重要地段和交会点。固原为关中北通河套、西连河西的丝绸之路东段北道交通要地，堪称关陇地区军事重镇和经济文化纽带。"回中道路险，萧关烽堠多"，固原的历史悲壮激越，声震华夏。汉唐时期，固原东望关陕、西眺河洮、南

战国秦长城遗址

走秦州、北通宁朔、襟带秦凉、拥卫西辅,是拱卫关中、协防陇右的兵家必争之地。处于北方草原文化和中原农耕文化结合部的固原,"据高平第一,扼两山要口,控三水之交,当四镇之冲,歌五原之野,拥六盘山之险,掌七关之固,绾八营之道口,掀九塞之中肋",被称为"天下右地"。横亘固原境内的六盘山为历代兵家所争,被视为关中屏障,因战略地位重要而得到"关陇锁钥"之美誉。

秦国在与西戎各部的角逐中发展壮大,秦昭襄王兼并义渠戎后设置陇西、北地、上郡,沿三郡北境自西向东在今西吉县、原州区和彭阳县一线筑战国秦长城。固原成为防御匈奴的重镇,作为关中北方屏障的朝那、萧关也设立于这一时期。秦始皇北巡途经固原、汉武帝设置安定郡和六次北出萧关巡视，凸显了固原地区在秦汉时期的重要地位。南北朝时，胡夏国主赫连勃勃创业于高平，北周奠基人宇文泰高度重视对原州的经营，最终形成深刻影响隋唐政治的关陇集团。唐太宗观马政于原州，唐宣宗收复原州和石门、驿藏、制胜、石峡、木峡、六盘、木靖七关，凸显了固原兵家必争的战略地位。北宋在镇戎军广修城寨，西夏、金、元先后在此百战角逐，反复争夺。元代在开成路设安西王府统管今陕西、甘肃、宁夏、四川四省（区）军政，看中的正

是固原连接西北、西南两大地域板块的枢纽地位。明代，固原成为防守北部边疆的九镇之一，原因就在于其所具有的"左控五原，右带兰会，黄河绕北，崆峒阻南"的独特区位。总领陕西三边军务的延绥、甘肃、宁夏三边总制常驻固原，固原军事政治地位的提升推动了城市扩容提质，固原城最终形成内外两重城墙、平面呈"回"字形的格局，不断修缮的砖包城使固原成为明清时期西北地区历史文化名城和军事要塞。

丝路驿站萧关焕新姿

始皇初巡

自秦穆公重用由余向西开拓以来，游牧于固原的乌氏戎、义渠戎、朐衍戎相继臣服，秦国"益国十二，开地千里，遂霸西戎"。秦昭襄王三十五年（公元前272年），秦国宣太后在甘泉宫诱杀义渠王，发兵灭掉义渠国后设北地郡，管辖今甘肃省庆阳市、平凉市和宁夏固原市等地。始皇帝二十六年（公元前221年），秦始皇统一六国，建立中国历史上第一个统一的中央集权制王朝——秦。为实现久安长治，秦始皇将全国划为三十六郡，固原仍属北地郡。

始皇帝二十七年（公元前220年），秦始皇第一次出巡取道陇西至北地郡，登鸡头山后在渭水南面建造信宫。陇西郡的治所在今甘肃省临洮县，鸡头山为今泾源县境内之六盘山的一条支脉，因先秦时期的鸡头道而得名。固原境内的六盘山古名洛盘道、洛盘山，又称"鹿攀山""陇山"，是一道西北—东南走向的狭长山脉。《汉书·地理志》记载，"略畔道，莽曰延年"，颜师古注曰：略畔山，今在庆州界，其土俗称曰洛盘，音讹耳。"《通典》指出："六盘山为洛盘山。"《方舆考证》

六盘秋韵

记述,"旧通志隆德县有六盘山,古谓之洛盘道","洛盘"有络绎盘旋之意。古代翻越六盘山脉共有三条通道,分别是南面的略阳道、中间的鸡头道和北面的瓦亭道。鸡头道的主要走向是沿泾河至今甘肃省平凉市,再由崆峒山东峡进入今泾源县,穿过制胜关西出六盘山抵达陇西郡。当时在鸡头道东面建有供秦始皇驻跸的回中宫。回中泛指北地、陇西两郡之间的地域,回中道是连接今泾源、隆德两县的一段六盘山山路,汉武帝元丰四年(1081年)下旨修筑的古驿道应该就是当年秦始皇出巡所走过的路线。

秦始皇刚完成统一大业就急于出巡,不但有视察西北边地的政治考量,还有崇拜山岳、祭祀朝那湫的重要使命。

秦朝的西北地区一直是游牧民族活跃的地带，为保证关中地区稳定安宁，秦始皇将首次出巡的地点定为西北防区，其展示秦朝国威、武力威慑西北游牧民族的政治意图颇为明显。六盘山传说为黄帝"问道广成子"登仙之所。唐初李泰主编的《括地志》卷一记载，"笄头山，一名崆峒山，在原州平高县西百里，《禹贡》泾水所出。《舆地志》云或即鸡头山也。郦道元云盖大陇山异名也。《庄子》云广成子学道崆峒山，黄帝问道于广成子，盖在此"。追求长生不老的秦始皇对黄帝在鸡头山问道广成子并飞升成仙的传说心向往之，因此首次出巡就登临鸡头山，追寻黄帝神迹的背后是浓厚的山岳崇拜色彩。

据《史记》记载，朝那湫自战国以来就是秦国的例行祭祀场所，

秦始皇出巡陇西郡路线

《诅楚文》（局部），为秦惠王时刻石，内容为秦王祈求天神克制楚军，恢复边城。

因投入《诅楚文》而留名史籍。战国后期秦楚争霸激烈，秦王在朝那湫立祠祭祀商朝大臣巫咸，将保佑秦国获胜、诅咒楚国败亡的石刻文字投入湫渊，此文被称为《诅楚文》。北宋时在朝那湫发现了三篇石刻《诅楚文》，所祈神名分别为"巫咸""大沈厥湫"和"亚驼"，这些《诅楚文》反映了战国至秦朝时期朝那湫在祭祀中的重要地位。

秦始皇作为中国古代第一位巡视固原的帝王，其西巡经历是宁夏历史上具有影响力的重大事件之一。

两汉封郡

西汉建立后继承秦朝制度，固原仍然隶属北地郡。秦末战乱导致西北边防空虚，称雄漠北的匈奴趁势南下。西汉文帝十四年（前166年）冬，匈奴老上单于率军14万攻入朝那、萧关劫掠，烧毁回中宫，北地郡都尉孙卬战死。汉武帝继位后，在抗击匈奴的同时，推行徙民实边政策以巩固西北边防。元朔二年（公元前127年），汉武帝命卫青、李息出兵陇西，不但收复河南地（今河套南部），而且修复蒙恬所筑堡塞城郭，募民十万余口迁入朔方。元狩二年（公元前121年），汉军自北地郡西征匈奴，促成浑邪王归降。两年后，汉武帝移徙关中贫民70余万口至陇西、北地二郡，"长城以南，滨塞之郡，马牛放纵""天水、陇西、北地、上郡……畜牧为天下饶"。

元鼎三年（公元前114年），汉武帝依山河形势将北地郡一分为二，在今宁夏南部清水河流域、甘肃祖厉河流域、陕西泾水流域新设安定郡，下辖21县，郡治设于高平县（今原州区）。安定郡的设立不但为汉武帝实现"开玉门，通西域，以断匈奴右臂，隔绝南羌、月氏"的战略目标

固原出土的部分汉代青铜器

博山炉

青铜带钩

青铜铭文弩机

昭明连弧纹铜镜

创造了有利条件，而且奠定了丝绸之路东段北道的基本走向。元鼎五年（公元前112年）十月，汉武帝出巡西北，登临崆峒山后到达安定郡，北上"新秦中"。汉武帝看到固原"千里无亭徼"后怒不可遏，以防务松弛之罪杀了北地郡太守和属官。元封四年（公元前107年）十月，汉武帝下令修筑回中道，随后沿回中道巡视北地、安定二郡。太初元年（公元前104年）八月、太始四年（公元前93年）十二月、征和三年（公元前90年）正月、后元元年（公元前88年）正月，汉武帝四次巡视安定郡和北地郡，每次都驻跸高平县。汉武帝六出萧关巡视边塞，为固原历史留下了浓墨重彩的一笔。

西汉后期政局动荡，安定郡陷入混乱状态。新莽地皇四年（公元23年），高平豪强隗嚣反对王莽篡汉，聚兵10万夺取安定、陇西、武都三郡，形成以今甘肃省天水市为中心的地方割据势力。在西汉末年农民战争中脱颖而出的刘秀建立东汉，史称汉光武帝。东汉建武六年（公元30年），汉光武帝遣虎牙大将军盖延与隗嚣战于陇坻（今六盘山），盖延战败。隗嚣

镶松石金带饰

派王元、行巡向东追击,在旬邑为汉将冯异所败。冯异乘胜夺取安定、北地、上郡等地,因功升任北地郡太守。建武八年(公元32年)春,汉光武帝派中郎将来歙和祭遵出兵北地郡。隗嚣为扼守陇山交通要道,命王元据守陇坻,行巡控扼番须口,牛邯驻扎瓦亭(今原州区南瓦亭),王孟守卫泾河源(今泾源县泾河源头)谷道。同年四月,汉光武帝亲征隗嚣,熟悉北地地形的马援招降隗嚣部将高峻后进占高平第一城(今原州区),凉州(今甘肃省武威市)牧窦融率河西五郡太守和羌人步骑数万在高平第一城与汉光武帝会师。瓦亭守将牛邯的归降为汉军打开了陇山通道,隗嚣部众大半投降。后割据成都的公孙述派兵救援隗嚣,高峻再度反叛后重占高平第一城,安定、北地二郡沦陷。建武九年(公元33年)八月,刘秀遣耿弇和来歙收复安定、北地二郡,武威太守梁统夺回高平第一城,固原的长期战乱局面结束。随着地方势力的崛起,安定郡的政治影响力和文化知名度逐渐提升,不但出现了以权臣梁冀、书法家梁鹄为代表的强权人物和文化名家,而且出现了一些身份高贵、地位显赫的名门郡望。

北周福地

北魏时期，高平镇（今原州区）是管理今宁夏南部至甘肃东部军民事务的战略要地。北魏正光五年（524年），六镇起义爆发，西北局势陷入动荡。同年四月，高平镇敕勒族酋长胡琛发动暴乱，占据高平镇城。北魏孝明帝为加强对地方的控制，下令"改镇为州"，高平镇改置为原州。北魏政权在持续不断的战乱中逐渐瓦解，先后分裂为东魏和西魏，最终在权臣高欢和宇文泰经营下形成北齐、北周两个东西对峙的王朝。北周奠定人宇文泰的崛起始于拥兵关陇的北魏名将贺拔岳在河曲（今宁夏中宁）遇刺，贺拔岳死后，宇文泰统率其部众，向东进据长安，以宇文泰为首的关陇统治集团形成。作为关陇集团重要区域的原州，不但是宇文家族统一关陇、对抗北齐的战略基地，而且成为北周兴旺发达的福地，被誉为"原州三杰"的李贤、蔡祐、田弘成为宇文泰的重要战将和优秀智囊。

李贤，高平人，曾祖李富、祖父李斌、父亲李文保皆曾在高平为官。武泰元年（528年），北魏派尔朱天光征讨在原州称帝的万俟丑奴。当时万俟丑奴正围攻岐州（今陕西省宝鸡市凤翔区境内），只留下万俟

李贤墓志

道洛等据守大本营原州。尔朱天光秘密派人联络李贤，希望其设法做北魏官军内应。李贤通过调虎离山之计引诱盘踞原州城内的万俟道洛部众六千多人出城，为尔朱天光占领原州创造机会，因功获任原州主簿。万俟丑奴余部达符显反攻原州，李贤冒死出城求援，为解原州之围立下大功，获授威烈将军。永熙三年（534年），宇文泰西征进驻原州，任命李贤为都督统领关陇防务，二人建立深厚情谊。西魏大统十二年（546年）以后，李贤在从征凉州、击退茹茹（柔然）、抚慰河西五郡过程中屡建功勋。宇文泰每次来到原州，必在李贤家中宴饮。宇文泰将其两个爱子宇文邕和宇文宪寄养在李贤家中，交由李贤妻子吴晖抚养教育。宇文邕即位后为北周武帝，宇文宪则受封齐王。北周保定三年（563年）七月至九月，北周武帝西巡期间特意前往李贤家中探望。北周武帝励精图治，最终攻灭北齐统一北方，使国家出现政治清明、社会安定的大好局面，为隋朝统一全国奠定了坚实基础。

蔡祐，祖籍陈留，祖父始居原州，遂为原州人。宇文泰驻军原州时，将蔡祐召为帐下亲信，后提携他为都督。蔡祐建议宇文泰除掉谋害关陇统帅贺拔岳的侯莫陈悦后控制原州驻军，乘乱夺取关陇军政大权。宇文泰依计而行，不但成功获得贺拔岳部众的支持，而且奠定了关陇集团的政治基础。宇文泰与蔡祐在奉迎北魏孝武帝入关、建立西魏和北周过程中紧密合作，二人情同父子。蔡祐在与东魏高欢交战的沙苑、河桥、邙山等战役中身先士卒，屡建战功。西魏大统九年（543年），宇文泰与高欢激战于洛阳北邙山一带，锐不可当的蔡祐被北齐官兵称为"铁猛兽"。因为战功卓著，蔡祐历任青州刺史和原州刺史，后升任大都督，被赐姓大利稽氏。宇文泰去世后，其子宇文觉建立北周，蔡祐被

田弘墓志

授予太子少保之职，统领禁军，值守宫廷。

田弘，高平人，史载其人有勇有谋。北魏建义元年（528年），万俟丑奴在高平称帝，田弘投其麾下。尔朱天光征讨万俟丑奴，田弘自原州归附，获授都督。宇文泰接管贺拔岳部众后，田弘深受宇文泰赏识，获得重用。永熙三年（534年），田弘因奉迎孝武帝入长安有功晋爵高位。田弘先后在收复弘农和沙苑、解围洛阳、大破河桥镇之战中立下军功，被赐姓纥干氏，不久被任命为原州刺史。北周建立后，田弘在征讨北齐、伐梁平蜀战事中发挥了重要作用。勇略冠绝一时的田弘，为关陇集团的形成和北周政权的巩固作出了重要贡献。

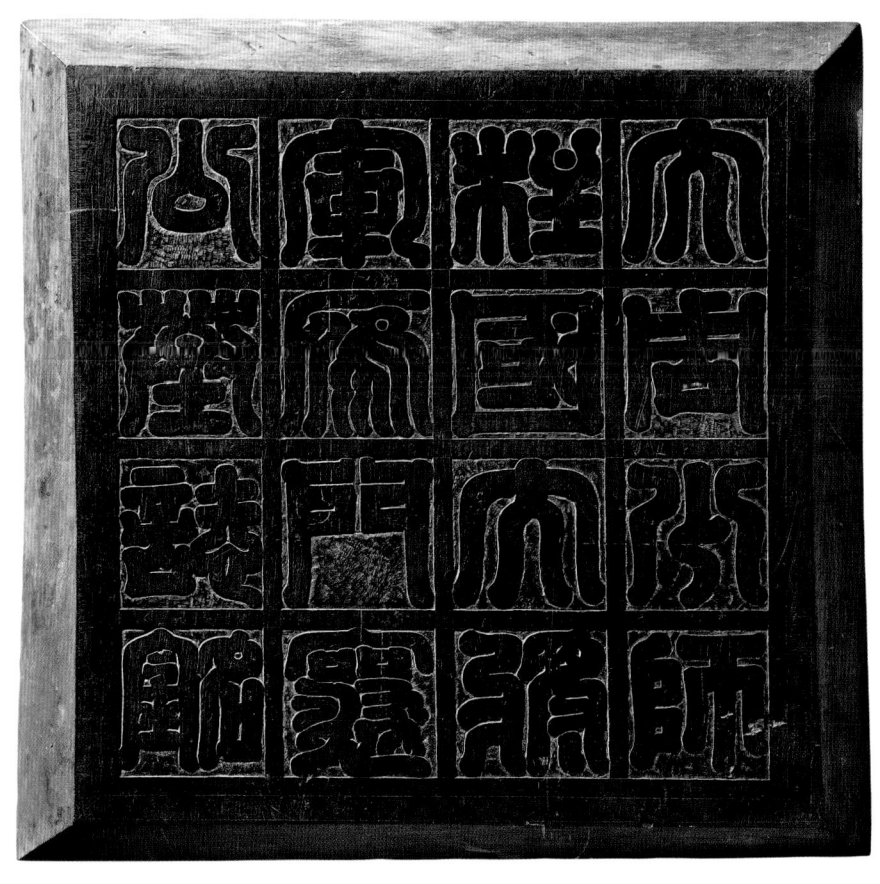

田弘墓志

萧关所在

萧关作为中国古代军事史上的著名关隘，位于三关口以北、古瓦亭峡以南的一段险要峡谷，在固原东南的六盘山山口依险而立。历史上的"东函谷（东汉以后为潼关）、南武关、西散关、北萧关"格局，奠定了关中"四塞之固"的地理框架。雄峰环拱、易守难攻的萧关扼守泾河河谷进入关中的通道，成为屏障关中西北方向的重要门户，可有效防范来自陇西、漠北的游牧民族的威胁。萧关并非一个单纯的军事据点，而是一个由长城、驿站、城障、关隘、交通要道、行政建制组成的带状战略防御体系。

萧关始建于秦始皇帝三十三年（公元前214年），大将蒙恬北逐匈奴后修筑秦长城，在今清水河谷修建关隘，管理边贸和朝贡事宜。据专家考证，秦萧关的具体位置应在今原州区官厅镇郑磨村附近。随着萧关的设置，赫赫有名的萧关道开始繁盛，秦始皇初巡西北的路线就是这条古道的一部分。西汉建立后仍然设置萧关，不过将其位置移至朝那县。《史记·匈奴列传》记载，"汉孝文皇帝十四年，匈奴单于十四万骑入朝那、

修葺后的古萧关阙楼

萧关，杀北地都尉（孙）卬，虏人民畜产甚多，遂至彭阳"。这里虽将朝那和萧关并列，但结合《史记·孝文本纪》中"匈奴谋入边为寇，攻朝那塞，杀北地都尉卬"的记载来看，"朝那塞"应该就是汉萧关。《史记·李将军列传》记述"匈奴大入萧关"，《史记·冯唐列传》记载"匈奴大入朝那，杀北地都尉卬"，进一步印证了"朝那"和"萧关"可以互相替代，说明汉萧关就在朝那县。

隋唐时期，萧关成为防御突厥、吐蕃等游牧民族进犯的前哨。武则天曾任命魏元忠为萧关大总管，统领重兵镇守京畿北门。盛唐时期，毗邻萧关的石门关成为著名的七座上等关隘之一。安史之乱后，萧关被吐蕃占领86年，直到唐大中五年（851年）才重回唐朝怀抱。唐萧关县

（原他楼县）遗址在今宁夏同心县沙嘴城，根据遗址堆积层探测，该城可能毁于五代时期。部分研究者对此持有异议，认为唐萧关县应在海原县李旺镇李旺村。北宋崇宁四年（1105年），在绍圣开边后修筑萧关城。大多数学者认为该萧关城遗址位于海原县七营镇北嘴子，一些研究者则认为被海原县高崖乡草场村民众称为"凤凰城"的城池才是真正的萧关城。

萧关作为关中北部最为重要的关隘，因连通西北的现实需要而产生"萧关道"。萧关道指汉唐丝绸之路东段北道，这既是一条中原通往河西走廊、河套地区的交通要道，又是一个区域的泛称。萧关道大致包括两条走向，一条是由长安出发，沿泾河过固原、海原，在靖远县北渡黄河

后经景泰直抵武威；一条是沿泾河过六盘山，沿祖厉河而下在靖远县附近渡黄河。经由固原北上河套的路线为灵州道，学术界习惯上将其包含在萧关道范围之内。西汉元封四年（公元前107年）开通的"回中道"，作为汉代以后通往西北的丝绸之路的干道，是从萧关古道延伸出来的一条大道。汉武帝为加强北地郡与陇西郡接合部的防御，在萧关道的咽喉要地高平县设置安定郡，为萧关道沿线区域的大规模开发提供了契机。《汉书·武帝纪》记载，元封四年（公元前107年）冬十月，汉武帝"行幸雍，祠五畤，通回中道，遂北出萧关"。出萧关北行的路线正是萧关以北循清水河谷而下的驿道。

瓦亭萧关（一说为古萧关所在地）

九边重镇

明朝建立后，长期面临以鞑靼、瓦剌为首的北元势力的军事威胁，不得不在西起嘉峪关、东达山海关的北方沿线修筑长达一万多里的"边墙"（长城）进行防御。明弘治年间（1488—1505年），明孝宗在东起鸭绿江、西抵嘉峪关的蜿蜒长城防线上相继设立辽东镇、蓟州镇、宣府镇、大同镇、太原镇（山西镇、三关镇）、延绥镇（榆林镇）、宁夏镇、固原镇、甘肃镇等九个军事重镇，《皇明九边考》称之为"九边重镇"。明朝君臣认为，"固原居中而执其枢，左顾则赴援绥、灵，右顾则迎应甘、凉。击常山之蛇以合左右之节，逐中野之鹿以成掎角之形，固原实有焉"。一旦鞑靼、瓦剌攻破固原，便可跨越陇山进入关中，进而威胁中原腹地。因此，明朝对固原的经营特别重视，不但设置固原镇、固原卫和固原州，还将统管西北军务的三边总制常驻固原。

在九边重镇防御体系下，延绥、宁夏、甘肃、固原四大边镇因相距遥远而处于各自为战的状态。固原镇总兵驻固原州（今原州区），管辖东起延绥镇，西至临洮约500千米范围内的边防事务。成化八年（1472

重修镇戎城碑记　　　　　　　地震碑记

年),西北边情危急,明宪宗任命王越为总督,掌控延绥、宁夏、甘肃三边战守全局,是为三边总制之始。成化十七年(1481年),王越被免职,总制之设始阙。弘治十年(1497年),蒙古火筛部入寇河套,明孝宗再派重臣王越总制三边,统管陕西、甘肃、延绥、宁夏军务。次年,王越病卒,三边总制再度虚悬。弘治十四年(1501年),明孝宗正式设置三边总制府,常驻固原,防秋时驻花马池。朝廷先以史琳代理三边总制,不久任命秦纮专司此职。嘉靖三年(1524年),明世宗起用名臣杨一清,改称提督陕西三边军务大臣,提督三边军务始为定制。嘉靖七年(1528年),王琼接任后仍称总制三边军务。嘉靖十九年(1540年),因避讳"制"字,总制三边军务改称"陕西三边总督"。

总督陕西三边军务,简称"三边总督"或"三边总制",主要职责是节制延绥、甘肃、宁夏、固原四大军镇,辖区内的总兵、巡抚均受其节制。按照"总揽其权"原则,三边总制节制河西巡抚、河东巡抚、陕西巡抚和甘、凉、肃、西、宁夏、延绥、神道岭、兴安、固原九个总兵,

图例		十一镇	
◉ 京师顺天府	都城	甘州	延绥 宣府
山西	省级政区	固原	太原 蓟州
○ 太原府	省府	宁夏	大同 辽东
——	边墙、壕垣		
• 兰州	要地		
固原	总兵驻地		

是当之无愧的西北军政中心。三边总制府不但规格高，而且建得非常豪华。明人刘献廷在《广阳杂记》中记载，"明三边总制，驻扎固原，军门为天下第一，堂皇如王者。其照墙画麒麟一、凤凰三、虎九，以象一总制、三巡抚、九总兵也。河西巡抚驻甘州，河东巡抚驻花马池，陕西巡抚驻西安，甘、肃、凉、西宁、宁夏、延绥、神道岭、兴安、固原各一总兵"。

总制（总督）一职概由朝廷选派尚书、侍郎等文职京官出任，既彰

明长城九边十一镇示意图

显了固原在明代西北边防体系中的重要地位，又有强烈的以文驭武、防范武将意味。凡任总制者，必须进士出身并兼任要职，或加左副都御史、巡抚左都御史、兵部尚书头衔，或有户部尚书、兵部侍郎兼都御史、太子太保兼左都御史官品，以便监督、弹劾管区内各级军政官员，形成凌驾于诸军镇之上的大防区——督镇。三边总制在御边过程中形成的以总制为首的文臣总理、武臣统兵和内臣监军的三权分掌制，在强化中央集权、巩固西北边防方面发挥了积极作用。

红色固原

单家集夜话
翻越六盘山
激战青石嘴
夜宿乔家渠
将台堡会师
早期党的政权组织
地下党组织的活动
任山河之战

单家集夜话

单家集位于西吉县兴隆镇单民村，地处宁夏、甘肃两省（区）交界地带，是一个以回族为主的回汉杂居村。明代初年，因山东单姓回民迁居此地，遂有"单民村"雏形。清代中后期，此地形成商业集市，当地民众称之为"单家集"。民国年间，单家集成为六盘山地区重要商贸集镇。1935年8月至1936年10月，中国工农红军曾多次路过单家集并驻扎于此，这里既发生过拥军爱民、军民团结的感人故事，又因"单家集夜话"而闻名遐迩。

1935年8月，中国工农红军第二十五军途经兴隆、单家集一带。红军在单家集休整三天，开展了一系列革命活动。他们向位于单家集的陕义堂清真寺赠送了绣有"回汉兄弟亲如一家"的软锦缎匾和其他一些礼品，并开展为群众办实事、办好事、尊重回族群众风俗习惯的活动，受到当地回族群众的热情欢迎。回族群众自发拿着礼品拜访红军官兵，盛赞红军是"仁义之师"。同年10月5日，毛泽东率领中国工农红军陕甘支队长征，从甘肃省静宁县出发，沿西兰公路东行渡

毛泽东住宿旧址

过葫芦河来到单家集。在行军路上，毛泽东嘱咐身边警卫人员要尊重少数民族习惯，到了民族地区一定要注意和处理好与少数民族群众的关系，尤其是路过清真寺和回民的家，不能冒冒失失地进去。毛泽东的话很快传遍部队，全体红军战士互相劝勉，表示一定要严守纪律规矩，尊重少数民族群众的风俗习惯。

当红军行进到单民村村口时，已有夹道欢迎的群众端着热水邀请红军战士喝水。进入单家集后，映入红军眼帘的是沿街两边摆放的桌子以及桌上铺满的水果和食品。回汉群众纷纷提茶端水招呼红军喝水休息，毛泽东连连向街道两边的群众招手致意。毛泽东的警卫员问一位老人："你们怕不怕红军？""不怕，你们是来过的客人了。"几个年轻人凑过来搭话："今年8月份，有一支红军队伍（红二十五军）路过这里，

毛主席与马德海阿訇单家集夜话处

他们尊重我们少数民族的风俗习惯,给我们送药治病、挑水扫院,对老百姓很好!"

毛泽东一进村就拜访阿訇,当众向阿訇讲明:红军主张各民族一律平等,并尊重少数民族的风俗习惯。大家听了都非常高兴。阿訇招呼村民为红军住宿腾房子,粮食也按市价卖给红军,还邀请毛泽东等红军领导到自己家吃饭。毛泽东连声道谢说:"不打扰了,不打扰了!"

红军到达单家集已是傍晚时分,毛泽东不顾行军劳累,稍事休整便来到清真寺北侧的陕义堂北厢房与阿訇马德海促膝夜谈,因此留下了"单家集夜话"的红色佳话。毛泽东一边喝着盖碗茶,一边向马阿訇讲解红军革命使命、革命形势、革命的前途命运、党的抗日主张和民族宗

单家集红军长征纪念碑

教政策。马阿訇向毛主席介绍了当地群众的生产生活情况和回族风俗习惯，赞扬了红军纪律严明、爱护群众的好作风。两人谈得十分投机，陕义堂北厢房内时不时传出爽朗的笑声。"单家集夜话"对革命思想在回族群众中的传播、巩固抗日民族统一战线具有积极意义，为红军长征的胜利完成和陕甘宁边区政府的建立奠定了基础。

当晚，尽管秋凉天冷寒气逼人，但大部分红军指战员露宿街道两旁或屋檐下，这让群众深受感动。群众主动将自家的棉被、毛毡拿出盖在红军战士的身上，有的还生起柴火为红军战士驱寒。第二天拂晓，部队开拔之前，红军战士们悄悄归还了借来的东西，按价赔偿了损坏的物品，认真清扫了街道。当红军列队走出村庄时，闻讯赶来的群众端着茶水、糕饼夹道送行，表现出对人民军队的不舍之情。

翻越六盘山

1935年8月，红二十五军率先进入六盘山地区，并于同年9月到达陕北苏区，与陕北红军共同组建中国工农红军第十五军团。10月初，中国工农红军陕甘支队（系中央红军改编）进入今固原地区，在西吉、原州、彭阳三县连续作战，突破了国民党军六盘山封锁线。

10月5日，陕甘支队右路一纵队从界石铺出发，到达西吉县兴隆镇、单家集一带宿营。6日，毛泽东等主要领导和一纵队经新店子、什字路、杨家磨、黄蒿湾等地，到达固原张易堡、盘龙坡。毛泽东等中央领导人住在张易北街坑坑店。左路二、三纵队从公易镇出发，经兴隆镇、北堡子、红城子至马莲川、张易堡一带宿营。7日晨，大部队分别从马莲川、张易堡、盘龙坡等驻地出发，经王套、莲花沟，进入六盘山主脉地带。

午后时分，毛泽东和张闻天、王稼祥等中央领导随第一纵队登上了六盘山。10月的六盘山，秋高气爽，天高云淡，雁阵南飞。身后，

1961年9月，毛泽东应宁夏同志的要求，书写《清平乐·六盘山》

红军队伍逶迤而行，红旗猎猎；山下，战国秦长城断断续续，历历在目。毛泽东俯瞰六盘山雄姿，诗情激荡，吟出了《长征谣》。之后，这首《长征谣》经过多次修改，最终成为传世词篇《清平乐　六盘山》：天高云淡，望断南飞雁。不到长城非好汉，屈指行程二万。六盘山上高峰，红旗漫卷西风。今日长缨在手，何时缚住苍龙？

激战青石嘴

原州区开城镇的青石嘴村，南距固原市区 25 千米。1935 年 10 月 7 日，长征途经固原的中国工农红军陕甘支队在青石嘴与围追堵截的国民党军队发生激战，红军大获全胜后，顺利翻越长征中的最后一座高山——六盘山。

1935 年 10 月 6 日清晨，毛泽东率陕甘支队一纵队从今西吉县单家集出发，经新店子、什字路、杨家磨、黄蒿湾等地，傍晚时分抵达张易堡一带（今原州区境内）宿营。红二、红三纵队主力从今西吉县出发，绕过山梁向东北方向前进，当晚宿营马莲川、张易堡一带，红二纵队第十三大队大队长陈赓、政委邓飞率部在莲花沟（今原州区境内）一带警戒。国民党反动派为阻止陕甘支队与陕北红军会合，调集重兵在六盘山一带设防。

7 日清晨，陕甘支队与国民党军驻将台堡之敌的前哨、尾追部队在张易堡以西阎官大庄发生小规模战斗。一小部分红军战士留在堡子梁据险阻敌，毛泽东等红军领导率大部队从张易堡一带出发，于上午 8 时许

红军长征青石嘴战斗纪念碑

登上六盘山顶。陕甘支队一纵队各部向青石嘴一带集结。陕甘支队一纵队前锋部队行进到青石嘴时抓到敌人的便衣侦察员,探知敌门炳岳部第十九团运输物资的两个连刚刚到达,正在休息做饭。这股敌军挡住了红军前进的道路,聂荣臻立即将此情况报告毛泽东。经过权衡,毛泽东决定趁其不备消灭这股敌人。开战前,毛泽东将手中的饼子掰成小块,让警卫员分发给周围的战士,并且风趣地说:"先打仗,后吃饭;打好仗,吃好饭。吃完后就行动,我看着你们打。"按照毛泽东的部署,由大队长王开湘、政委杨成武率领的第四大队实施正面攻击,由大队长杨得志、政委萧华率领的第一大队和大队长张振山、政委赖传珠率领的第五大队从两侧迂回包抄,由奉命留守张易堡、莲花沟的大队长陈赓、政委邓飞率领第十三大队担任后卫掩护。战斗打响后,位于半山洼的红军三个大队居高临下，分路出击正在吃饭的敌人。密集的枪声响彻山谷，敌人乱作一团，人喊马嘶，自相践踏。半小时后，除敌团长和少数官兵逃脱外，大部分敌人缴枪投降。这次突袭战红军大获全胜，歼敌两个连，缴获战马100多匹，还缴获了一批崭新的捷克式步枪、10余马车弹药物资。红军用缴获的战马组建了红军第一支骑兵侦察连，任命梁兴初为连长，刘云彪为副连长。

青石嘴突袭战结束后，第十三大队向青石嘴方向挺进。在距离青石

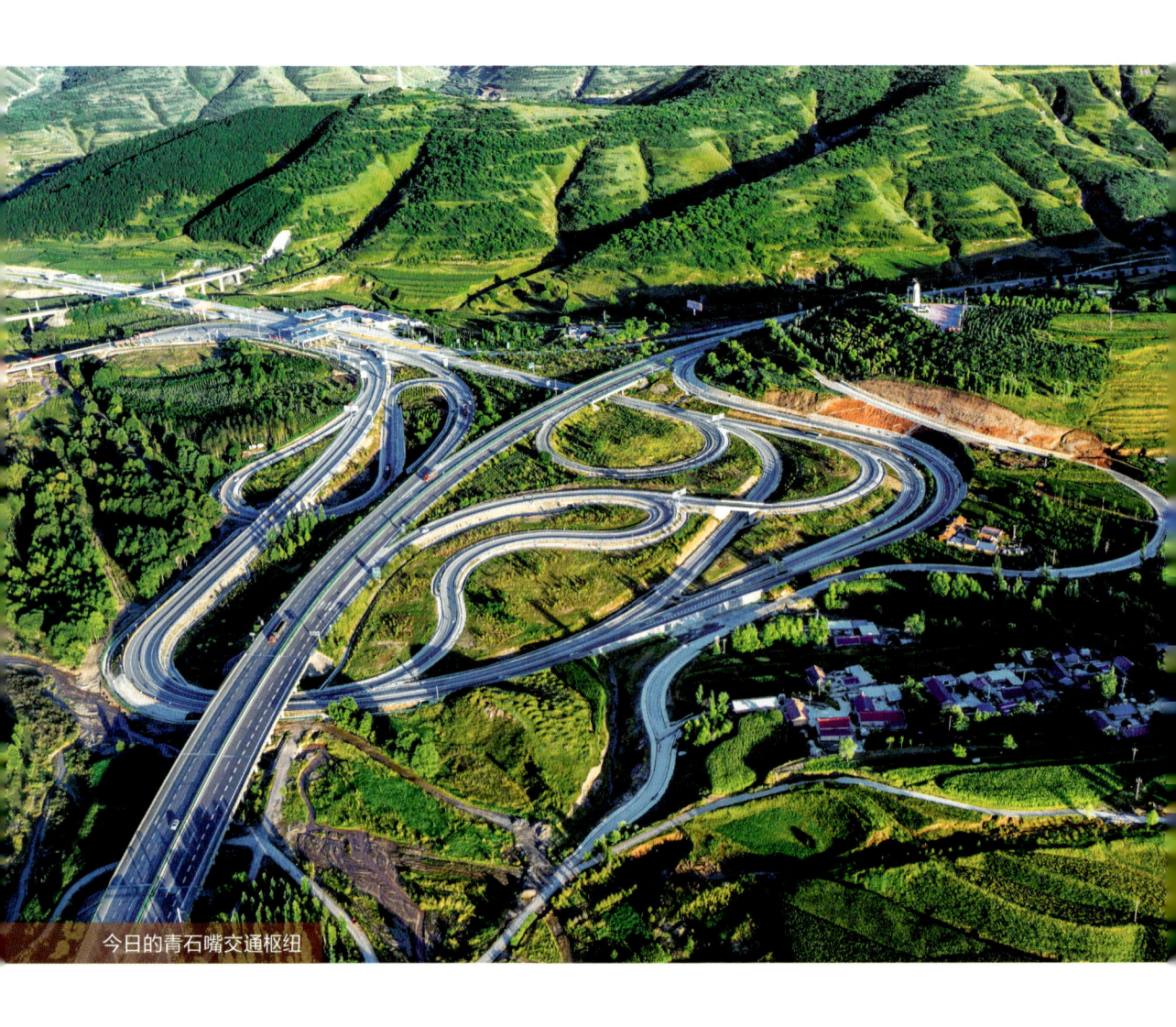

今日的青石嘴交通枢纽

嘴约2.5千米的一座小山上，大队长陈赓得到侦察员报告：青石嘴突袭战打响后，固原守军何柱国部派一个骑兵团赶来增援，援兵到达青石嘴后发现红军速战速决，军需物资已被红军缴获，只好留在原地待命，敌军以为红军大部队已经向东而去，因此就毫无顾忌地在公路两边山坡上休息，马匹散在草地上吃草。大队长陈赓立即召集指挥员商量对策，决定一举歼灭这支疏于防备的敌军。据当地群众说，对面山梁下距离敌军北边0.5千米处有一条大树根沟，可由河边直通北山梁后边。陈赓决定控制这条山沟，沿着沟道向敌发起攻击，突破敌人的围堵。

陈赓下达战斗命令：参谋长彭雄率领二连和机枪排打前卫，待战斗打响后迅速通过大树根沟抢占北山梁下沟口，将两挺机枪和一个步兵排的火力分布在沟口两边，掩护其他连队通过；陈赓带三连、政治处主任黄春圃（江华）带四连跟进，邓飞和一连连长韦杰带一连留在原地，担任掩护并警戒尾随之敌。下午2时，第十三大队各连一个接一个从山梁侧面绕行下山，并向敌人开枪射击，很多敌骑兵来不及收拢马匹上马作战就被击毙。王玉祥带领机枪排穿过大树根沟，在指定位置将两挺重机枪架在沟口土丘上，对着敌骑兵猛烈扫射。下午4时，二、三、四连冲过大树根沟时，尾追陕甘支队的国民党援军赶到，因不明战斗情况、胆怯而迟滞不前。为避免腹背受敌，邓飞命韦杰带二、三排迅速突围，一排留下由邓飞指挥阻击敌步兵。下午5时许，敌前卫营才进入第十三大队山脚下阵地，就遭到邓飞带领的红军战士的顽强阻击，敌人狼狈退去。下午6时许，敌人主力部队追了上来，红军边打边撤，登上寺洼山。天黑之后，敌人不敢再追，红军进入深山，成功突围。青石嘴突围战歼敌骑兵、步兵200余名，缴获战马100余匹，但也有30多名红军战士献出了宝贵生命。

夜宿乔家渠

　　青石嘴战斗结束后,毛泽东、张闻天、王稼祥等中央领导随陕甘支队一纵队到达今彭阳县古城镇小岔沟一带,二、三纵队进驻挂马沟。1935年10月7日傍晚,毛泽东夜宿小岔沟阳洼村张有仁家,第一次住进冬暖夏凉的土窑洞。次日清晨,毛泽东率领陕甘支队从小岔沟驻地出发,分为左、右两路向白杨城(今彭阳县城)齐头并进。右路一纵队行至古城川时,前锋四大队用口袋阵击溃马鸿宾部第三十五师两营之敌,俘敌80余人,缴获全部辎重和步枪80余支。中午,陕甘支队各部相继到达白杨城,正准备休整吃饭,突然三架敌机飞来并丢下两颗炸弹,造成部分红军战士和马匹伤亡。随后,东北军何柱国部骑兵和陶峙岳第八师逼近,红军战士们来不及休息,忍饥挨饿,兵分两路离开白杨城,向东北方向行进。左路二、三纵队经堡子崾岘、祁小岔,夜宿玉洼草庙一带;毛泽东随右路军经杜家沟于傍晚时分到达长城塬赵家山畔、乔家渠一带。

　　红军看到当地百姓在地方军阀和封建地主的残酷剥削压榨下贫困不

乔家渠毛泽东长征宿营地外景

堪：家家土炕无席，少吃缺穿，没铺没盖，确是"一门一窗，地上放个水缸，人起炕光"。战士们对于国民党反动派的统治仇恨万分，纷纷脱下自己的衣服送给老乡。当地百姓虽然非常贫穷，却对红军十分友好，想尽办法卖给红军几十担土豆。因为旱塬缺水，毛泽东和战士们同甘共苦，用涝坝里的泥水将土豆连皮带泥煮着吃。

1935年10月8日晚上，红军队伍进驻乔家渠。村民乔生魁妻女见到大队人马来到自家小院，惊恐地藏到案板下躲避。毛泽东的警卫员进入窑洞后听到响声，叫出母女二人并说明红军是为穷苦人打天下的队伍，消除了她们的恐惧心理。毛泽东亲切地与乔生魁夫妇攀谈，向二人介绍红军长征途经乔家渠是为了北上陕北抗日救国。乔生魁了解红军长征的艰辛后，一面吩咐妻子做饭，一面忙不迭地收拾屋子安排毛泽东休息。

饭后，乔生魁在收拾干净的窑洞中用案板支起简易的床铺，请毛泽东住宿休息。毛泽东和红军战士们对乔生魁夫妇的热情周到感激不已。

1935年10月9日凌晨，陕甘支队继续分两路向东北方向经孟塬、三岔向陕北前进。途中，左路二、三纵队灵活应战，分别在草庙和刘塬

击溃当地民团，增添了补给。沿战国秦长城向东北方向行军35千米后，陕甘支队于9日下午离开彭阳，到达甘肃镇原县唐家塬（今马渠镇唐塬村）。

陕甘支队长征自1935年10月5日进入西吉到10月9日出彭阳境，在固原历时五天四夜，留下了丰富的红色事迹和遗迹。

乔家渠毛泽东长征宿营地旧址

将台堡会师

将台堡位于距西吉县城20千米的葫芦河东岸,战国秦长城在这里向东转折。此地古代称西瓦亭,传说为古代军事要塞的点将台,民国初年修筑城堡后得名"将台堡"。1936年10月,中国工农红军一、二方面军在将台堡会师,标志着伟大的长征胜利结束,为宁夏留下了弥足珍贵的红色记忆。

1936年5月中旬,红一方面军改编为西方野战军,由彭德怀任司令员兼政委,挥师西征。7月初,红二、红四方面军在甘孜会师后并肩北上,挺进甘肃,向西方野战军靠拢。9月1日,彭德怀司令员率西方野战军总部由同心预旺堡向西转移,4日进驻吊堡子(今吴忠市同心县羊路乡)。9月5日,西方野战军在吊堡子召集团以上干部会议,彭德怀、左权、聂荣臻、徐海东等领导参加会议。会上,彭德怀强调要坚持扩大和发展抗日根据地并积极准备迎接红二、红四方面军北上。随后,西方野战军右路军红十五军团沿同心、兴仁堡(今属海原县)方向西出,于9月14日占领靖远以西之打拉池,以保证三大主力会师的右翼安全。左路

将台堡会师后，红一、红二方面军部分将领合影

军红一军团则沿吊堡子、七营（今属海原县）方向南下；以红一师（缺第十三团）陈赓、杨勇部和红一军团直属骑兵团组成特别支队，由军团政委聂荣臻率领直插静宁、隆德地区，以保证三大主力会师的左翼安全。

1936年9月12日，红一师第三团（团长阮金庭、政委肖锋）从海原县红羊乡元井出发，翻过三座大山进入西吉县白城乡三点泉，次日经新营、沐家营到达夏家寨子。14日，红一师第三团占领将台堡，先头部队到达兴隆镇、单家集一带。红一师第一团由师长陈赓、政委杨勇亲自率领，经西吉县沙沟、白崖、夏家寨子到达硝河城，并于同日进驻将台堡、兴隆镇等地。

与此同时，北上甘南的红四方面军经过艰苦鏖战，取得岷（县）洮（州）西（固）战役胜利，粉碎了敌人阻止红军北上的企图。红二方面军于9月11日从哈达铺、礼县地区东进，仅用10天时间就完成成徽两康战役计划，准备以红六军团向宝鸡方向推进。这样，红二、红四方面军就与红一方面军形成了夹西（安）兰（州）大道南北呼应并可随时

将台堡旧影

会师的有利态势。9月30日，红四方面军分为5个纵队，相继由岷州、漳县等地北上，向通渭、会宁前进。10月7日，红四方面军前锋第四军到达会宁，先后同红十五军团第七十三师和红一军团第一师会师。9日，红军总部和红四方面军总指挥部在总司令朱德和前敌总指挥部总指挥徐向前等领导人率领下到达会宁，同红一军团第一师会师。之后，红一军团第一师、第二师又转战至将台堡、兴隆镇等地，准备迎接红二方面军。

10月17日，红二方面军从甘南北移顺利抵达静（宁）会（宁）地区。18日，红六军团到达会宁县老君坡，红一方面军派五团团长曾国华、政委郑雄率部迎接。21日，红二方面军长征进入西吉县境。当日，红二方面军总指挥贺龙、政委任弼时、副政委关向应和随二方面军行动的红军参谋长刘伯承在平峰镇与红一方面军第一军团代理军团长左权、政委聂荣臻、政治部副主任邓小平等亲切会面。22日，贺龙、任弼时、关向应、刘伯承等率领的红二方面军指挥部、红二军团与左权、聂荣臻、邓小平等率领的红一方面军第一军团主力在将台堡胜利

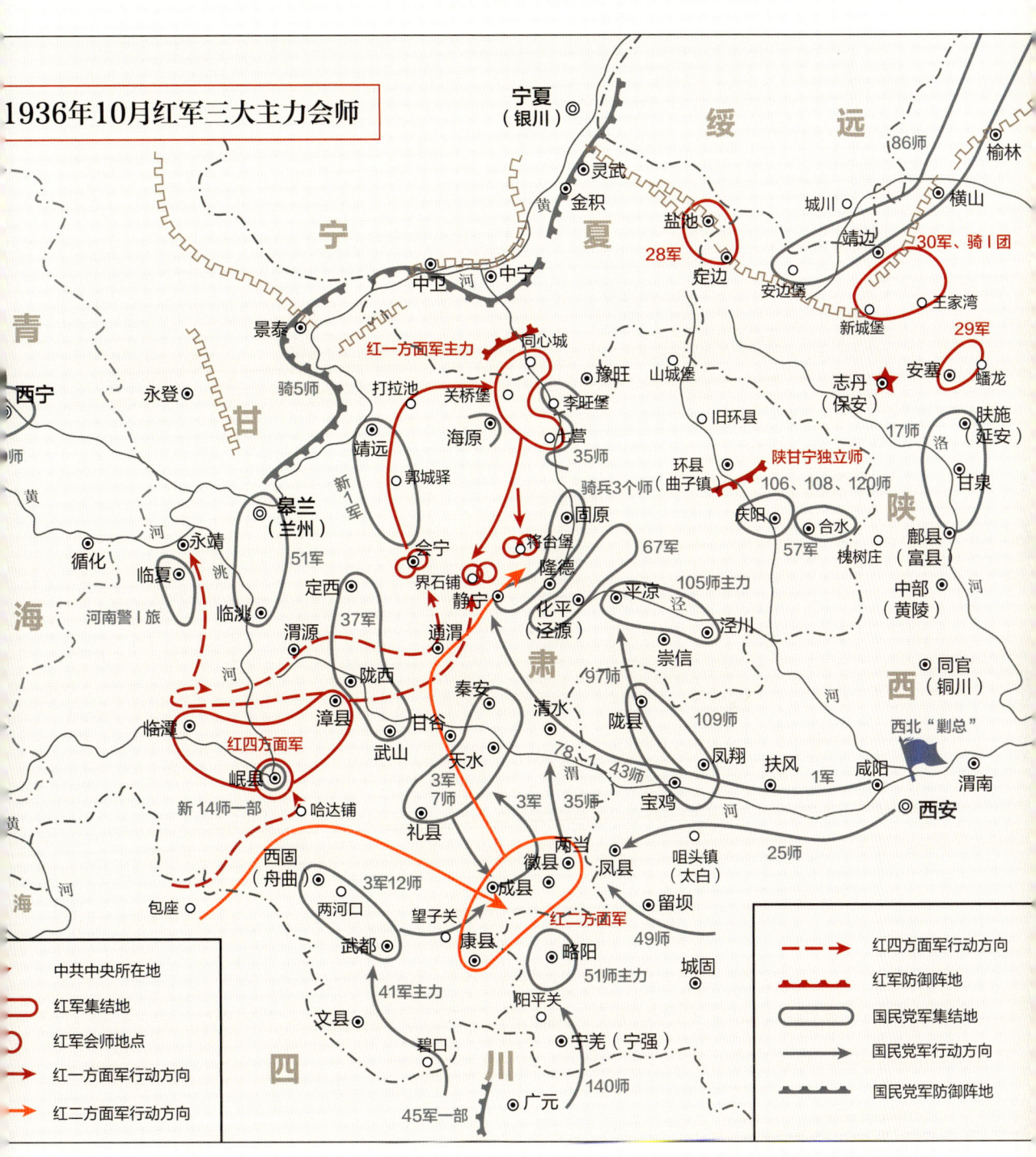

红军三大主力会师示意图

宁夏西吉将台堡红军长征主力会师纪念碑

会师。参加会师的还有红二方面军的陈伯钧（红六军团军团长）、王震（红六军团政委）、李达（红六军团参谋长）、甘泗淇（红二军团政治部主任）及红一方面军的杨得志（红二师师长）、萧华（红二师政委）等。会师的红军战士和当地群众共11500多人，在将台堡东侧广场举行了规模盛大的联欢会。10月23日，红二方面军第六军团经公易镇抵达兴隆镇与红一军团第一师会师。次日，时任红一军团政治部副主任的邓小平，在将台堡向红二方面军营以上干部传达了瓦窑堡会议精神和毛泽东《论反对日本帝国主义的策略》的主要内容，并作了有关统一战线及回民问题的报告。

将台堡会师具有重大而深远的历史意义，它不但实现了中国共产党的北上抗日战略方针，团结和巩固了全民族抗战的中坚力量，促成了中国革命从挫折走向胜利的重大转折，而且谱写了伟大长征精神光辉灿烂的不朽篇章，为完成中华民族解放事业奠定了坚实的基础。

红军长征过固原路线及固原红色遗迹分布示意图

早期党的政权组织

固原市地处宁夏南部山区，是革命老区。1926年秋冬，共产党员刘志丹、刘伯坚跟随冯玉祥国民军联军先后经过固原，沿途宣讲马克思主义，给固原民众留下了印象。1927年2月下旬，邓小平等人从苏联回国去西安从事党的工作，途经固原时也向民众宣讲共产主义。后来，随着马克思主义在中国迅速而广泛的传播，以赫光、孙寿名、韩练成、陈良碧为代表的固原进步青年，不满于社会的黑暗和政权的腐败，纷纷走出固原寻求真理以图改变现状。1932年，中共陕西省委领导了靖远兵变和蒿店兵变，在固原一带同国民党反动派进行武装斗争。1935年8月和10月，程子华率领的红二十五军和毛泽东率领的陕甘支队（中央红军）长征经过固原地区，播撒了革命火种。1936年6月，红军西征，在陕甘宁省委领导下建立了中共固北县委等党的组织。从1936年到1949年9月，在今固原境内先后建立党的县级委员会3个、区级委员会4个、党支部26个，累计发展党员590人。

中共固北县委

1936年6月，西征红军解放固原北部一带后，中共陕甘宁省委抽调40多名县、区、乡干部组成工作团，到固北开展地方工作。1936年9月，中共中央决定正式组建固北县委和固北县苏维埃政府领导机构，以便加强固北县党的工作，进一步巩固革命根据地。根据这一决定，中央组织部从中央党校学员中抽调陈德政、张敏珍、刘绍孔、白明昌、康雄世5人，负责固北县委、县苏维埃政府的组建工作。10月中旬，固北县委的组建工作已基本铺开，设立了组织部、宣传部、统战部、军事部、妇女部、少共固北县委、工会等工作机构。11月21日，固北县被国民党胡宗南部和东北军占领。12月12日西安事变发生后，东北军撤离了固北县境。1937年1月，固北县委的干部回到董家庄，重新开展工作，随后恢复了毛井、车道、庙儿掌3个区的工作。1937年7月，全民族抗日战争爆发后，陕甘宁省改为陕甘宁边区，固北县归属庆环分区管辖。此时，固北县是陕甘宁边区的一个组成部分，共辖5个区委，有1万多人口。1937年7月，成立庆环分区党委，固北县委隶属庆环分区党委领导。这时国共两党实现第二次合作，固北县改县、区、乡三级苏维埃政府为抗日民主政府，并在全县下属5个区委的21个乡建立党支部30个，发展党员300多名。1938年4月，中共庆环分区党委决定撤销固北县委和县抗日民主政府，与环县、固原县委合并。

中共固原县工委（三岔工委）

1936年6月，西征红军红一军团第四师解放了固原县的三岔、殷家城、马渠、孟庄、演武和镇原县的方山、黑渠口等乡镇。10月，中共陕甘宁省委决定建立固原县工作委员会（以下简称固原县工委）。固原县工委领导机关设在三岔,因此又被称为三岔工委,其下设组织、宣传、统战、军事等部。同时又建立了中共三岔区委会,下设三岔、白家川、安家川和马渠四个乡苏维埃政府,并建有党支部。1937年3月,中国工农红军援西军在固原休整期间,协助固原县工委在麻子沟圈、红河、任湾、海巴、石家沟口、崾家堡子、城阳、上王家建立了8个乡级人民抗日救国会;在陈家坪组织起了农民协会。这些抗日群众组织,在固原县工委的领导下进行了一系列抗日动员工作。1937年7月,陕甘宁省委决定成立固原县委。1938年4月,为了便于开展统战区的工作,固原县委机关由三岔迁到草庙子。1938年7月,陇东特委并入庆环分区党委,固原县委又归庆环分区党委领导。1938年秋,国民党固原县的军政人员掀起反共摩擦,干扰破坏抗敌后援会的工作。为了安全,固原县委请示庆环分区党委同意后,把县委机关又搬到了三岔的一个天主教堂内。1940年4月,庆环分区党委撤销,成立了陇东分区特委。5月,陇东分区特委决定撤销固原县委,合并成立新的领导机构——中共平东工作委员会。

中共静宁县委

1936年9月初,西方野战军红一军团奉命从同心、七营、黑城一带南下,为迎接红二、红四方面军做准备。9月16日,中共陕甘宁省委在单家集(时属静宁县)成立了中共静宁县委,并选举产生了静宁县苏维埃政府,由马云清任主席。县苏维埃政府辖区包括今宁夏西吉县和甘肃静宁县各一部,共辖10个区苏维埃政府和35个乡苏维埃政府。为了发动回民群众,苏维埃政府在单家集区成立了回民工作委员会,其任务是向红军和苏维埃政府反映回民的要求,宣传红军和苏维埃政府的政策、法令，动员回民筹款、筹粮、筹草支援红军；同时还建立了静宁县游击队，由马长林任队长。10月25日红军撤离单家集、兴隆镇时，部队首长为马云清写了"筹备军需，广召信民，供给粮秣，德育才能"的条幅，赞扬了马云清领导的苏维埃政府的工作。西征红军撤离后，静宁县党的组织和苏维埃政府活动随之终止。

中共平东工委

1940年初夏，陇东分区党委指示，在镇原马渠成立中共平东工作委员会（对外仍称抗敌后援会）。平东工委由固原县委、新区工委、回民工委以及镇原县委管辖的南三镇、开边等党的地下组织4个部分组成。固原县委撤销后，固原地区未暴露的6个党支部由新成立的中共平东工委直接领导。1942年6月，平东工委由半公开完全转入地下，撤销了公开组织抗敌后援会，工委机关由马渠移驻三岔。1945年9月抗战胜利后，中共中央西北局决定重新建立甘肃工委，平东工委受甘肃工委和陇东地委双重领导，是年冬，中共平东工委停止工作。

解放战争时期，固原除原有的石家沟口、麻子沟圈、陈坪、崌家堡子、堡子崾岘、红河等6个地下党支部外，平东工委、镇固工委先后又建立了何塬支部、解岘支部、李洼支部、草庙支部、赵沟支部、小南沟支部、杨寨支部、马家山支部、王崾岘支部、刘塬支部、长城塬支部、陡坡支部以及东山坡支部共13个支部。1946年到1948年，中共中央西北局、甘肃工委先后三次组建海固工委。其间，甘肃工委建立了镇固工作委员会（以下简称镇固工委）。1949年2月，镇固工委将王洼、草庙片的9个地下党支部移交给海固工委。1949年7月下旬，中共中央西北局决定改海固工委为固原县委。

地下党组织的活动

在海固工委成立之前和筹建期间,陇东地委、甘肃工委和平东工委曾多次派人到固原各县开展党的地下工作,发展了一批地下党员,建立了各县地下党组织,他们在开展对敌斗争,尤其是发动群众抗兵、抗粮、抗款、分化瓦解敌人方面,发挥了很大的作用。

中共红河支部旧址

1936年秋，红二十八军、红三十二军为了宣传抗日、发动群众、开展支前工作，协助中共固原县委先后建立了包括红河乡抗敌后援会在内的8个乡级人民抗日救国委员会。1937年2月，王兆璜加入了中国共产党，从此走上了革命的道路。到1939年7月，在红河抗敌后援会的范围内，已经发展党员15名。随着国民党消极抗日、积极反共政策的实施，为适应斗争的需要，中共固原县委决定，解散抗敌后援会，正式成立红河地下党支部，王兆璜被任命为党支部书记。党支部的主要任务是：学习党的基本知识，明确党的性质和奋斗目标；加强党的组织纪律，提高党组织的战斗力，争取积极发展党员，不断壮大党的队伍；掌握敌情，做好情报工作。为了确保党的工作顺利开展，党支部同时对党员提出了严格的要求，规定了"四个不准"，即不准喝酒、不准贪财、不准说假话、不准暴露党的机密，若有违反者，要按党的纪律严肃处分。在抗日战争和解放战争中，王兆璜领导中共红河支部秘密工作，为固原党的组织建设作出了重要贡献。

峁堡地下交通站旧址

这一时期，固原县境内建立的地下党支部还有崏家堡子地下交通站、麻子沟圈地下党支部、陈坪地下党支部、杨坪地下党支部等，这些党组织在秘密发展党员、积极开展统战工作、争取国民党进步人员、建立"两面政权"方面发挥了重要作用。

1945年9月，甘肃工委派陈添祥（1946年10月后陈添祥改由平东工委领导）为特派员到隆德开展地下工作。陈添祥化装成货郎到隆德后，以山河镇李家沟（今属上梁乡）为立足点，开始秘密活动。到1949年8月隆德解放，李家沟一带共发展地下党员22名。

固原秋色

  1949年2月，平东工委派马有德、马兴魁到化平县开展工作。1949年7月29日，化平解放，全县共发展地下党员27人。

  1949年3月，海固工委派车万宝来到西吉。车万宝到西吉后，在什字路以摆摊子做生意为掩护开展工作。1949年7月，车万宝接受工委指示，在西吉组织群众，迎接解放。

  1945年5月，陇东地委统战部派李存仁接引段敏政到海原李旺一带开展工作。1949年春，海固工委派王彦清（后改名王玉民）赴海原工作。直到解放，海原共发展地下党员6名。

任山河之战

任山河位于今彭阳县黄峁山东麓的罗家山脚下，村边的道路是通往固原的必经之路，战略地位十分重要。这里虽是一座只有几十户人家的小村庄，却爆发了解放西北进程中的一场激战——任山河之战，打响了解放宁夏的第一枪。任山河之战历时两昼夜，摧垮了宁夏"马家军"的士气，缴获大批军械物资，是解放军解放宁夏进程中打得最为惨烈、影响最为深远的一战。

1949年，解放战争捷报频传，进军西北的号角即将吹响。5月20日，西安解放。蒋介石看到节节败退的胡宗南难以抵挡解放军的凌厉攻势，下令主政青海的马步芳和控制宁夏的马鸿逵出兵援助。马步芳之子马继援率领的青海陇东兵团、马鸿逵之子马敦静率领的宁夏兵团见胡宗南大势已去，分头回窜。解放军第十九兵团第六十三军、第六十四军、第六十五军紧跟宁夏兵团，展开800里追击战。7月底，宁夏兵团主力被解放军第六十三军、第六十五军追到固原县城以南的三关口、瓦亭一带，第六十四军则直插固原县城，切断敌第一二八军后路，形成包围全

任山河纪念碑

歼态势。大惊失色的马敦静在开城召开紧急军事会议，命令马光宗的第十一军连夜在任山河一带抢筑正面5000米、纵深15000米的野战防御工事。任山河村一左一右各有一个山头，左边的叫鹦哥嘴，右边的叫罗家山，两山相距不足千米，像一把居高临下的铁钳扼守着中间的道路和村庄。马敦静妄图凭借任山河天险阻止解放军攻势，守住"宁夏门户"。

8月1日，第六十四军主力进至固原县东南任山河地区时，遇到正在这里抢筑工事的敌第十一军第一六八师阻截。当天12时，军部命令第一九一、第一九二师向任山河地区的鹦哥嘴、罗家山和哈拉山等高地的守敌发起攻击，以求突破敌人防线，拦腰切断敌第一二八军等部退路。敌人在罗家山和鹦哥嘴构筑了一道马蹄形堑壕，机枪、迫击炮构成密集火力网。解放军指战员们冒着枪林弹雨浴血奋战，经过惨烈搏杀终于占

解放军在任山河之战中使用过的武器

▲ 轻机枪

领制高点，全歼鹦哥嘴守敌。第一九二师第五七四团第二营是攻打任山河的尖刀营，发动数次猛攻都遭到敌人顽强阻击，伤亡很大。作为尖刀连的五连只剩下指导员段松奎和 6 名战士。智勇双全的段松奎临危不惧，指挥战士们一字排开，间隔数米背着枪向敌人阵地走去。敌人以为解放军前来投降，停止了射击。段松奎带领 6 名战士走到距离敌人只有几米时突然开火，猝不及防的敌人死伤惨重，任山河阵地被解放军智取。

担任右翼主攻任务的解放军第一九一师第五七二团在总攻开始后就攻下罗家山前沿阵地。在进攻过程中，敌人十几挺机枪组成的密集火

▲ 步枪

◀ 冲锋枪

力网和一道深沟封锁了第三营第八连的前进道路。第八连官兵大部分伤亡，幸存的战士在指导员王震带领下，以大无畏的英雄气概发起新的进攻。仅存的一挺机枪因射击时间过长枪管被打红，必须等待冷却后才能继续射击。机枪手王化兴急中生智，以尿液给枪管降温，枪口很快再次喷出火舌。经过6小时激战，解放军将敌人的野战防御体系全部摧毁。8月2日拂晓，第一九〇师、第一九一师奉命继续向北追击，占领并解放固原城。任山河之战打开了宁夏的南大门。50多天后，宁夏全境即告解放。

丝路遗珠

固原古城
萧关古道
北朝隋唐墓地
开城遗址

固原古城

固原地处宁夏南部六盘山东麓，是一座年代悠久的历史文化名城。固原古城始自战国中期的乌氏城，定型于明代的大型砖包城。作为古代丝绸之路重镇，丝绸之路的开通与繁盛为固原古城发展注入了源源不断的动力，多民族交融和多文化交流使之成为丝绸之路东段北道上的璀璨明珠。两千多年的辉煌筑城史不但客观反映了固原地域文化的形成与演进过程，而且生动折射出了丝绸之路多元文化的杂糅。

秦惠文王吞并乌氏戎建立的乌氏国后，在今原州区东南设置乌氏县并修筑城池，使这里成为历史记载中固原地区最早的县级政区。西汉张骞出使西域推动了丝绸之路的定型与拓展，由关中途经六盘山地区前往河西走廊的沿线地区开始繁盛起来，固原成为丝绸之路东段北道上的重要交通枢纽。汉武帝为巩固西北边防，将安定郡的治所设于高平。高平城奠定了固原古城的基础，考古发掘中出土的带有卷云纹和青龙、白虎、朱雀、玄武四神饰样的瓦当及陶质水管，反映了西汉时期的城建规模。东汉时期，高平城因城坚池深而获得"第一城"的美誉，成为西北边防重镇。

固原古城出土的陶质文物

兽头陶瓦当

陶瓦当

陶水管

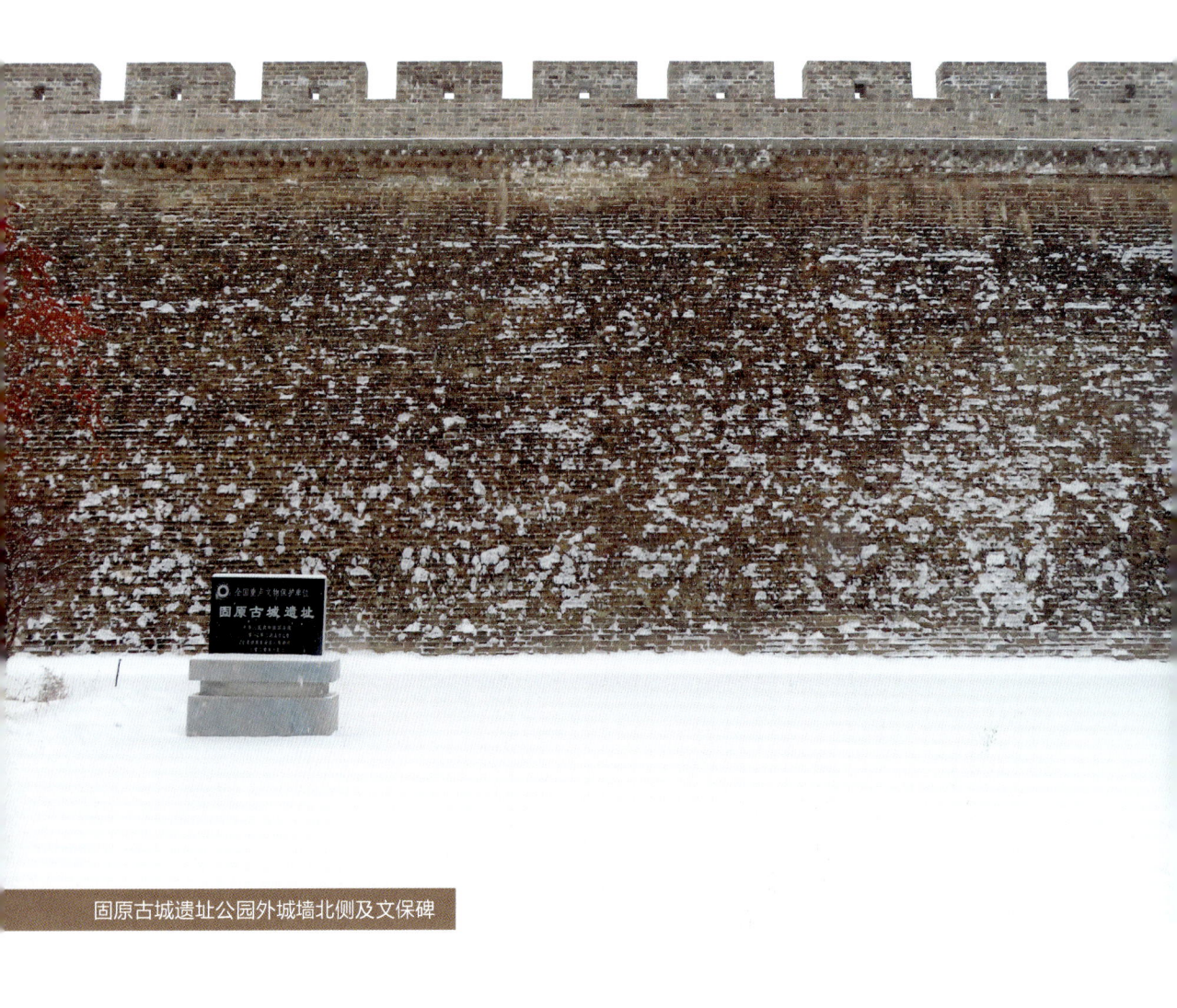

固原古城遗址公园外城墙北侧及文保碑

  北魏太武帝在东汉高平城基础上增筑城池，改高平县为高平镇，作为管理六盘山地区的军政要地。北魏正光四年（523年），河套地区爆发六镇之乱，北魏改高平镇为原州。次年，匈奴人赫连恩在原州起事响应六镇之乱，推举敕勒酋长胡琛为高平王。胡琛战死后，鲜卑人万俟丑奴率众继续反魏。建义元年（528年），万俟丑奴扣留了途经原州向北魏进贡狮子的波斯使团，以"神兽"为年号自立称帝。在西魏、北周建立过程中，宇文泰与原州联系紧密，先后任命史称"原州三杰"的李贤、蔡祐、田弘在此镇守，以保障丝绸之路畅通。北周天和四年（569年），北周武帝重修原州城，为固原古城注入了新的活力。

固原小西湖古城墙

　　隋唐时期丝绸之路东段北道的繁盛，为原州迎来了高光时刻。经济交流空前活跃，文化交流与民族融合持续推进，固原古城的城池建设规模空前。大批通过丝绸之路东来的粟特人在原州定居，有的担任管理马政的官员，其墓葬的高规格和带有浓郁异域风情的精美随葬品，生动反映了当时固原丝绸之路文化多元交流的盛况。北宋重修原州城，设置镇戎军作为防范西夏南侵的指挥中枢。金代改镇戎军为镇戎州，以镇戎军城为框架进行重筑，"城围九里三分，有安边、镇夷二门城隍"。

　　明代固原成为防守长城沿线的九镇之一，战略地位和城建水平大幅提升。经过明景泰二年（1451年）之后的多次重修，固原古城形

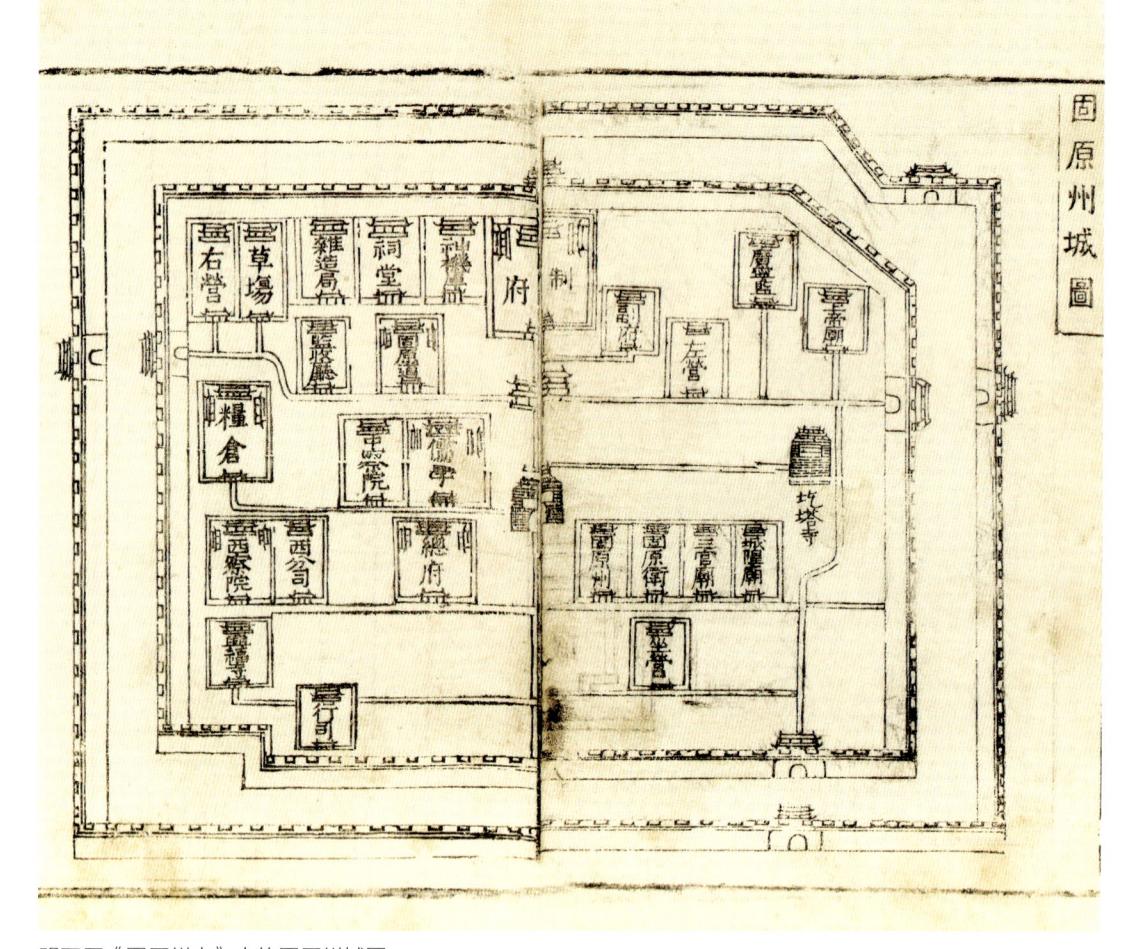

明万历《固原州志》中的固原州城图

成规模宏大的"回"字形结构，有内城和外城之分。外城皆为青砖所包，故有"砖包城"之称。三边总制的常驻，使固原古城迎来了发展的黄金时刻。万历初年，石茂华出任陕西三边总督，固原外城"始甃以砖，高三丈六尺，周凡十三里七分，遂称雄镇"。内城九里三分，高三丈五尺，在四个方位分设多座城门。史籍记载的城门名称不全，目前仅知东城有安边、保宁二门，南城为镇夷门，西城有威远门，北

固原古城墙风光

城是靖朔门。雄踞六盘的固原成为西北名城,留下了钟鼓楼、禹王庙铁塔、魁星楼等大量历史遗迹。清代在明代固原城基础上有所扩建,固原博物馆里的复原模型就是清代中期固原古城的历史缩影。经历几百年的风雨洗礼和战火摧残,目前固原古城城墙仅剩的安边门和靖朔门两处遗址,成为后人回望悠悠岁月、缅怀古城沧桑的历史见证。

萧关古道

萧关这座关中北部重要门户，不但在汉赋与唐诗中留下了众多脍炙人口的名句，而且孕育了著名的丝绸之路干线——萧关道，为丝绸之路明珠固原增添了别样风采。丝绸之路作为古代中西政治、经济、文化交流的大动脉，其所承载的历史文化内涵在固原得到生动诠释。汉族和匈奴、月氏、鲜卑、粟特、蒙古等众多古代少数民族在固原杂居，通过持续不断的政治交往、经济交流和文化交融，不断凝聚中华民族共同体意识，为中华民族多元一体格局的形成奠定了基础。内容丰富、异彩纷呈的中西文化在固原交流荟萃，不但形成了独具特色的地域文化，而且为丰富中华优秀传统文化提供了重要元素。

萧关道脱胎于秦代的鸡头道和西汉的回中道，终因交通枢纽"萧关"而定名。鸡头山位于今固原市原州区东南，在不同历史时期分别有笄头山、崆峒山、牵屯山、薄落山等别称。鸡头道是古代关中穿越陇山（六盘山）前往西北腹地的重要通道之一，早在西汉张骞凿通西域之前就已畅通，可视为丝绸之路的雏形。从长安出发，沿泾水北上进入平凉，穿

萧关古道示意图

越崆峒山后峡，过泾源县西行就可进入鸡头道。虽然这里道路奇险，却是沟通六盘山东、西两麓的天然通道。唐代为控扼这条交通要道，特意在峡口东侧设置制胜关。唐宋以后，鸡头道被称为安化峡，是关中西出前往河西走廊的重要路径。回中道作为鸡头道的补充和拓展，是萧关道的一条干道，在加强关中与西北政治联系、经济交流、文化交往方面发挥了重要作用。

汉唐时期，萧关道的具体走向是：从长安（今陕西省西安市）出发，经今咸阳市向西北行，过醴泉（今陕西省礼泉县）、奉天（今陕西省乾县东）到邠州治所新平县（今陕西省彬州市），沿泾水河谷北进，过今长武、泾川、平凉入固原南境三关口，从瓦亭关北上固原，沿清水河谷北上经石门关（须弥山沟谷）折向西北至海原，西抵黄河东岸靖远，渡过黄河抵乌兰关（景泰县东），西行达凉州（今甘肃省武威市）。目前，学

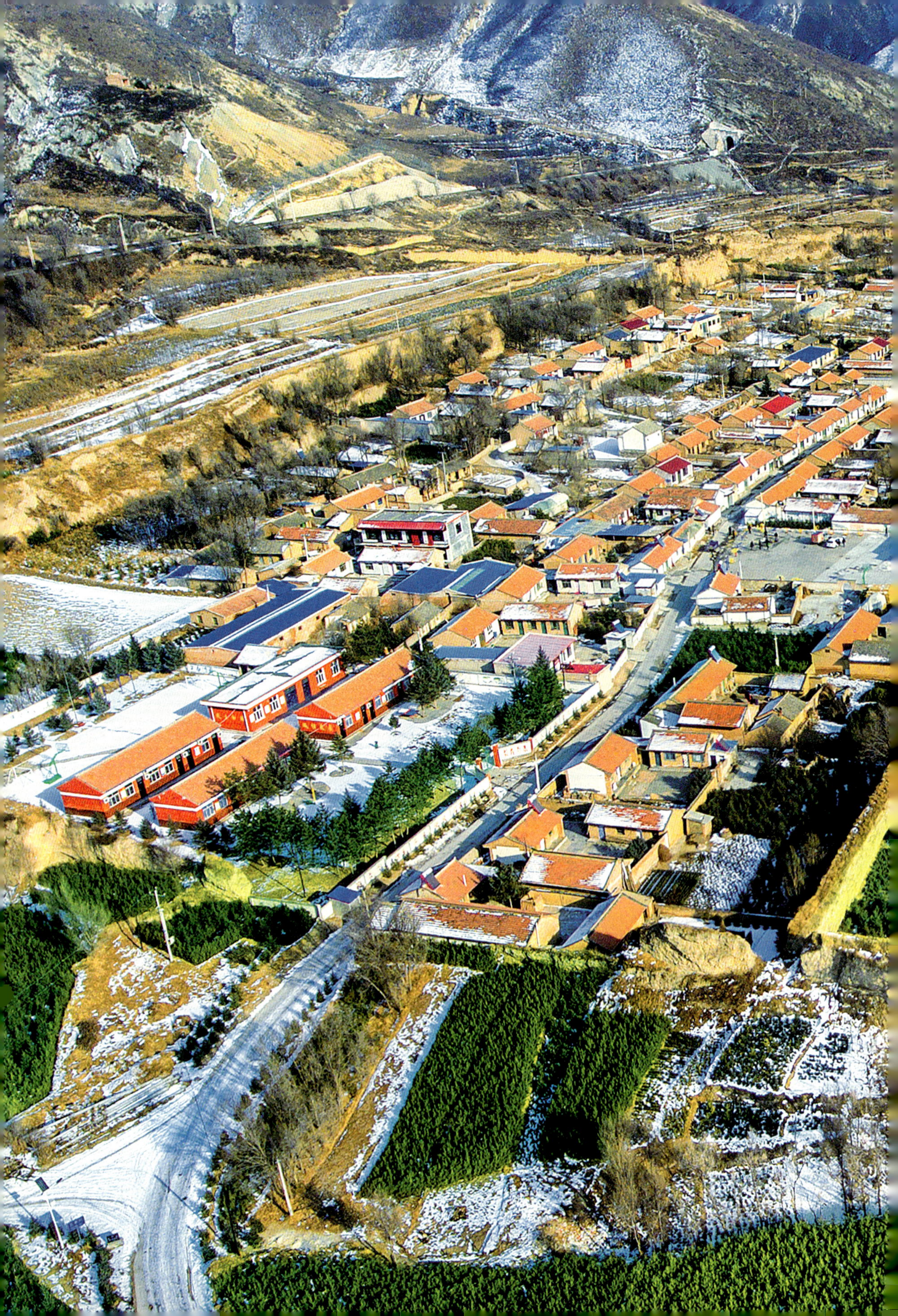

古瓦亭城（一说为古萧关）

术界将中国境内的丝绸之路分为东、中、西三段，其中长安至凉州为东段，萧关道因而又称"丝绸之路东段北道"。从长安西抵凉州的穿行距离来算，萧关道是丝绸之路东段南、中、北三道中最为便捷的一条干道。

在萧关古道上，地势险要、遗存丰富的三关口承载了丰富的文化信息。三关口位于泾源县六盘山镇，因风吹流水有弹筝之声，故名"弹筝峡"。据地方史志记载，峡中原有供奉金佛的寺庙，因而又称"金佛峡"。这里自汉代以来就是一处北出塞外的著名关隘，为中古时期

修葺后的古萧关城墙

沟通关中盆地与河西走廊、河套平原的交通要道。三关口还是一处文化繁盛之地，峡谷峭壁上有多个朝代遗留的石刻。摩崖石刻南临河道，北面群山，下有一条小河穿过，峡谷之中就是蜿蜒曲折的丝绸之路古道。因为年代久远和风雨冲刷，现在只能认出"峭壁奔流""山光水韵""山水清音"等少数摩崖。这些摩崖，既是对三关口雄奇险绝的历史认同，也是对三关口自然风光的真实记录，见证了萧关古道的险要和丝绸之路悠悠历史。

雄奇险绝的三关口

北朝隋唐墓地

固原北朝隋唐墓地是 20 世纪 80 年代在今原州区西、南郊（现开城镇）的小马庄、羊坊、深沟、大堡、王涝坝五个自然村和南塬一带陆续发掘的一系列墓葬的总称。作为丝绸之路东段著名墓葬群，固原北朝隋唐墓地出土了大量蜚声中外的反映丝绸之路文化交流与民族迁徙的珍贵文物，这些文物折射出中亚文化、草原文化与中原文化的融合。

自 1982 年发掘以来，截至 2004 年，考古工作者共发现 50 余座北周至隋唐时期的大、中、小墓葬，其中最为著名的是 3 座北周墓、1 座隋墓和 6 座唐墓。这批北朝隋唐墓的建造时间为 6—7 世纪，历经北周、隋、唐三个王朝。

三座北周权臣墓葬分别为都督原、盐、灵、会、交五州军事的原州刺史宇文猛墓，柱国大将军、原州刺史李贤夫妇合葬墓，柱国大将军田弘墓，它们呈东西向并列分布，分别相距 1～2 千米。其中，李贤夫妇墓营造于北周天和四年（569 年），是三座墓葬中出土文物最为丰富的一个。墓中出土的鎏金银壶和玻璃碗，是萨珊波斯工艺在中西文化交流方

9.5 厘米

8 厘米

091

丝路遗珠

萨珊波斯玻璃碗

出土时间：1983 年
出土地点：宁夏固原市原州区北周
　　　　　李贤夫妇墓
馆藏地点：固原博物馆

37.5 厘米

鎏金银壶

出土时间：1983 年
出土地点：宁夏固原市原州区北周
　　　　　李贤夫妇墓
馆藏地点：固原博物馆

面的重要遗存。鎏金银壶以精湛工艺雕刻了古希腊神话中的"金苹果"故事，再现了"帕里斯裁判"的场景，被誉为固原博物馆的镇馆之宝。玻璃碗通体碧绿，腹部上下错位排列两周凸边凹心的饼形装饰，先以烧吹技术制成，再通过雕花工艺进行整形，展现了萨珊波斯玻璃器形和纹饰的独特风格与高超技艺。随葬的萨珊波斯银币再现了丝绸之路东段北道的畅通和固原商贸之繁荣。这些文物为研究中西文化交流、中西交通史提供了重要的实物资料。

隋唐墓葬的主人皆为粟特史姓家族成员，墓中出土了珍贵的中西文化交流实物，再现了当时固原中西文化交流的盛况。粟特是生活在中亚阿姆河与锡尔河一带的古老民族，以擅长经商闻名于世，为古代丝绸之路上最活跃的"中间商"。自西汉张骞凿空西域后，粟特就同中原王朝有了官方往来，到南北朝时期以"昭武九姓"之名频现史籍。唐代粟特人的大量入华，奏响了中西交流鼎盛局面形成的序曲。固原为当时粟特人在西北的主要聚居区。史姓家族墓葬分布较为集中，有史索岩墓、史铁棒墓、史诃耽墓、史道洛墓、史射勿墓、史道德墓等。

萨珊波斯银币

唐彩绘镇墓武士陶俑

出土时间：1995 年
出土地点：宁夏固原市原州区南郊乡小
　　　　　马庄村史道洛夫妇合葬墓
馆藏地点：固原博物馆

唐彩绘陶镇墓兽

出土时间：1995 年
出土地点：宁夏固原市原州区南郊乡小马庄村史道洛夫妇合葬墓
馆藏地点：固原博物馆

固原北朝隋唐墓地外景

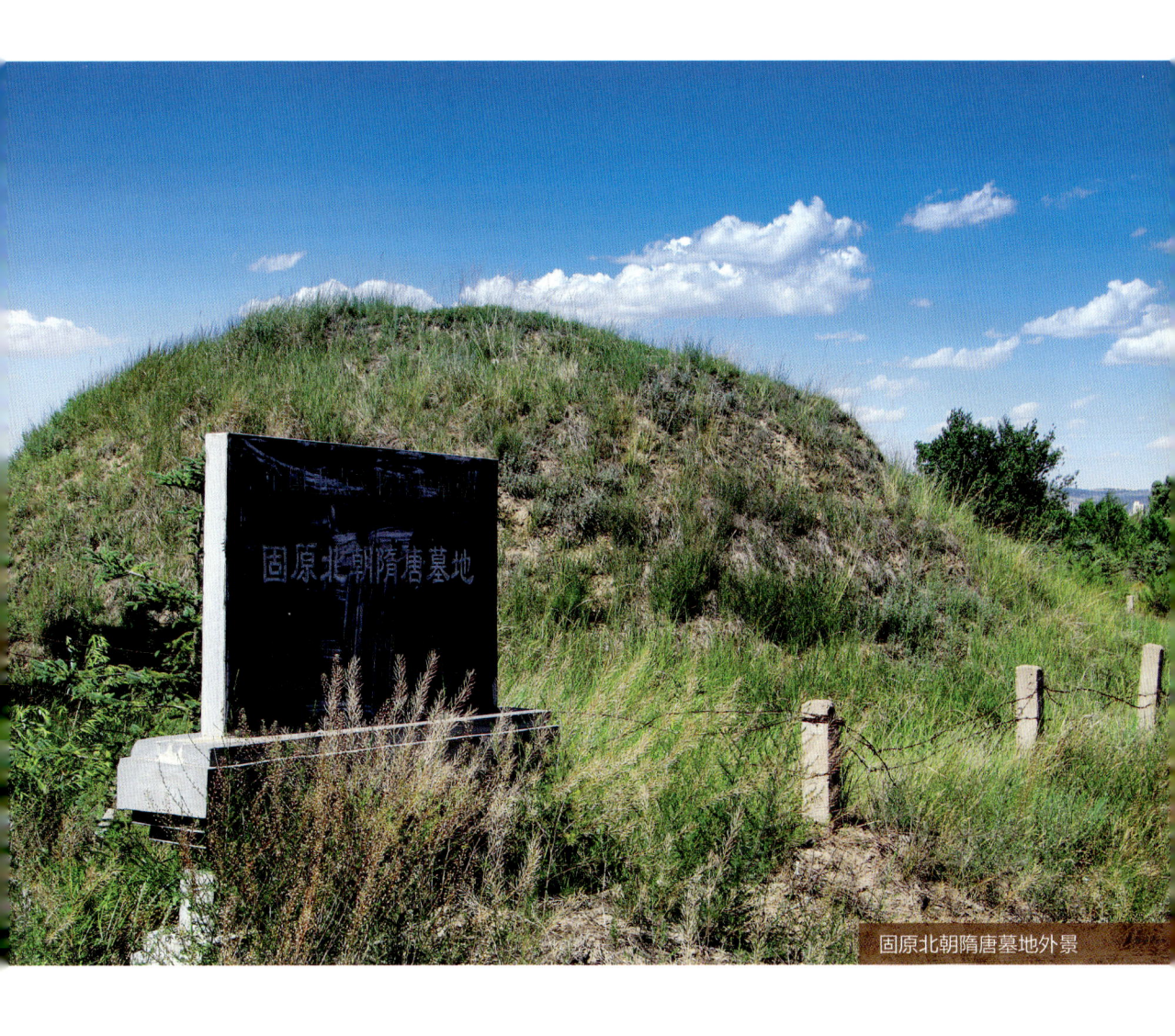

这些墓葬分别属于两个家族，史射勿为史诃耽之父，史诃耽为史铁棒之父，史索岩和史宁则为另一家族。史姓家族之间或为子孙关系，或为叔侄关系。考古工作者在史射勿墓和史道德墓中发现的口含金币葬俗与古希腊神话存在紧密关联，从一个侧面反映了当时丝绸之路文化交流的深度与广度。粟特史姓家族生活在原州城内，死后葬在城南，丧葬形式已经汉化。粟特史姓家族墓葬成为丝绸之路文化在固原的历史见证。

开城遗址

开城遗址位于原州区开城乡,处在六盘山东段清水河与泾河、茹河、葫芦河的分水岭上,为元代声名显赫的安西王府遗迹。作为丝绸之路东段重要历史文化遗迹,开城遗址是一代天骄成吉思汗的避暑行宫和陨落之处,见证了诸多中亚、西亚民族通过丝绸之路定居固原和文化融合的历程。元代在六盘山区驻扎探马赤军进行屯田,大量汉人、蒙古人和畏兀儿人、钦察人、康里人、阿速人等为固原带来民族关系的新变化,促进了民族融合。

成吉思汗的孙辈蒙哥、忽必烈因追忆先祖而重视开城,将其作为经略西北、统一全国的战略中枢。处于丝绸之路东段北道(萧关道)必经之地的开城,控遏长安通往兰州的重要捷径——"六盘鸟道"。元至元九年(1272年)十月,元世祖忽必烈封其子忙哥剌为安西王,在开城设府开衙,率军十五万常驻六盘山。安西王府成为西北政治、军事中心,具有北连蒙古草原、南通川蜀的中枢地位。安西王府内设王相府节制专事伐宋的东、西两川行枢密院,代行陕西四川行省职能,兼领陕、甘、川

固原开城遗址

等处兵马，统管西北、西南军政大事。安西王府在元朝统一全国过程中发挥了重要作用，政治地位与元上都相当，史书谓之"西土重镇"。安西王在元代诸王中地位很高，不但有御赐螭钮金印，而且以开城和京兆路（今陕西省西安市）为封地，享有两府并立特权，"冬居京兆，夏徙六盘，岁以为常"。忙哥剌之子阿难答继承安西王位后，在政治斗争中失败被杀，安西王府的辉煌历史由此结束。

虽然安西王府早已湮没于历史尘烟中，但通过元代文学家姚燧在其《牧庵集》卷十《延厘寺碑》中记载的延厘寺规模，可以想象安西王府之规模宏大。元贞二年（1296年），安西王阿难答奏请元成宗兴建延厘寺以纪念忽必烈和皇后。延厘寺的建筑格局仿照元大都（北京）敕建寺的规模和形制，"土木之工，雕楹绘埔，朱侍绮疏，匹帝之宫"的富丽堂皇为安西王府提供了参照。大德十年（1306年），安西王府在地震中被严重损毁，遇难人数逾5000人，王府规模可见一斑。1985年，考古人员在开城发现琉璃龙纹瓦等建筑材料，次年于六盘山北段开城梁发现一座元代大型宫殿建筑遗址。1992年，考古人员在开城遗址出土了包括琉璃建筑构件、陶器、瓷器在内的大量文物。

开城遗址南北长约3500米，东西宽500～1000米，核心区面积约2平方千米，包括黑刺沟（窑址区）、北家山（建筑遗址区）、开城村

固原安西王府遗址出土文物

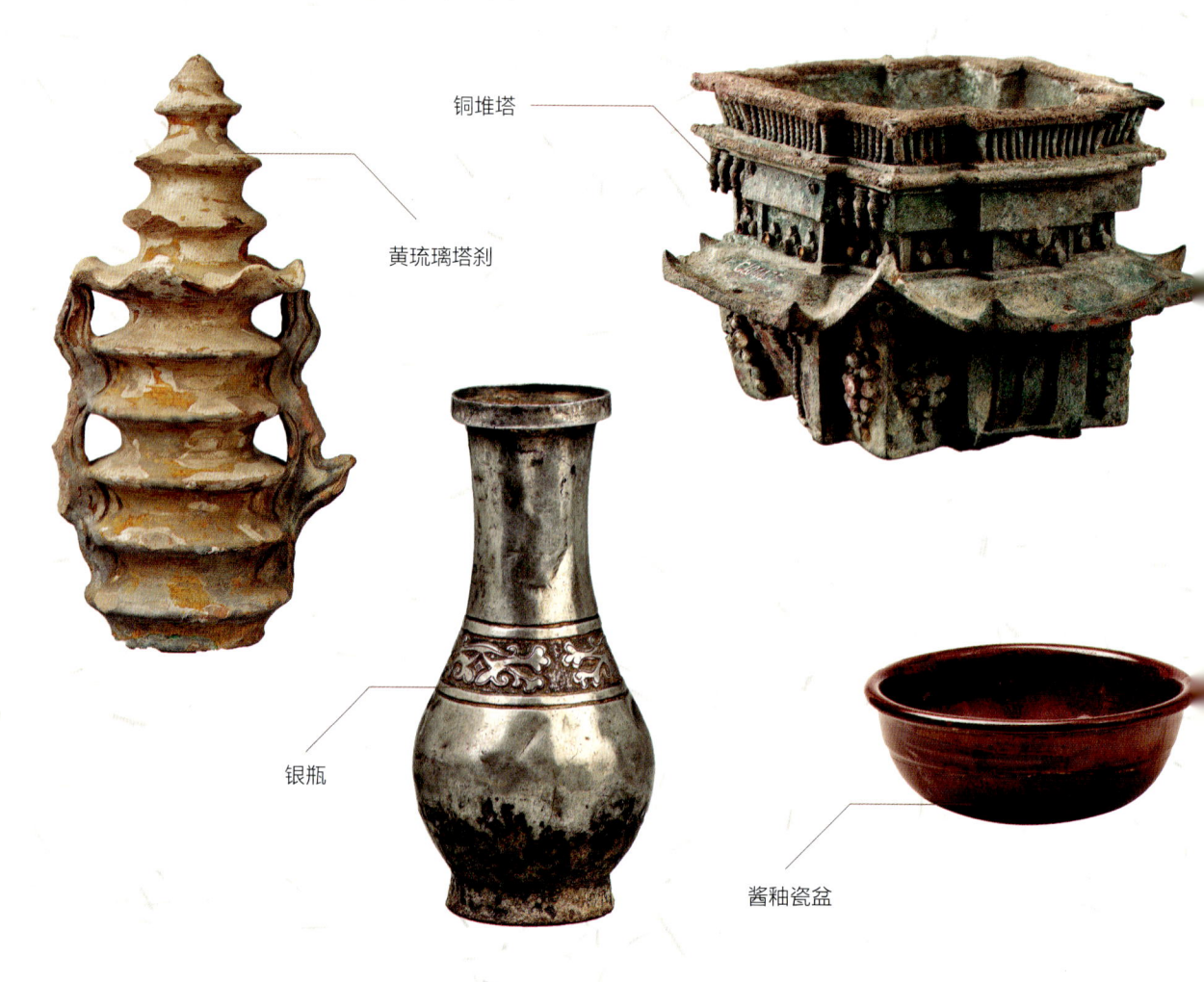

铜堆塔

黄琉璃塔刹

银瓶

酱釉瓷盆

（明代开成县故址）、长虫梁（古城址）、瓦碴梁（建筑遗址区）5 个地点。从考古发掘来看，安西王府宫城内夯土基址的布局和建筑遗物符合元代宫殿讲究对称与装饰的建筑形式。10 件造型生动的台沿螭首雕刻技艺精湛，与元中都和元大都的出土遗物基本一致。夯土基址地面上散落有大量色彩绚丽的黄琉璃龙纹瓦、圆形瓦当、雕龙石座等大型建筑构件和石刻制品，反映了安西王府宫殿建筑的辉煌壮观、高等级规格和王家气派。

固原开城遗址今貌

人文菁华

先民遗迹
城垣沧桑
石窟造像
建筑遗珍

先民遗迹

岭儿沟旧石器时代遗址

岭儿沟旧石器时代遗址位于彭阳县白阳镇姚河村岭儿组西南部，属旧石器时代晚期遗址。2002年，考古工作者发现岭儿河北面断崖的地层剖面由上至下分为全新世土壤、马兰黄土、冲积黄土三层。在厚1.5～3米的马兰黄土文化层中，考古工作者采集到80余件古人类石制品，以小型器物为主。这批古人类石制品遗存主要包括尖状器、刮削器、雕刻器、石片、石核、断块等类型，使用燧石、英砂岩、白云岩和硅质灰岩等材料，剥片技术为常见的锤击法和砸击法。

考古工作者在此发现的动物化石碎片多为牙齿和肢骨。根据地理环境和出土遗物分析，这里曾是一片水源充足、草木丛生、禽兽出没的山林沃野，为远古人类和动植物提供了良好的生存条件。

岭儿沟旧石器时代遗址的发现，开启了固原旧石器时代考古的先河，将固原有人类活动的历史向前推进了2万年左右，证明宁夏南部是我国早期人类活动的区域之一。

岭儿沟旧石器时代遗址

周家嘴头新石器时代遗址

周家嘴头位于隆德县神林乡双村，地处渝河与朱庄河交汇的河嘴地带。2017年至2021年，宁夏文物考古研究所对周家嘴头新石器时代遗址进行了连续5年的考古发掘，出土了一批重要的仰韶文化和龙山文化晚期遗存，将宁夏的新石器时代文化年代从距今5000年左右推进到距今6000年。

周家嘴头新石器时代遗址的仰韶文化遗存最为丰富，涉及早、中、晚三期，各期遗存的时代特征明显。仰韶文化早期和中期房址遗迹在宁夏境内是首次发现，为研究宁夏南部地区仰韶文化的源流、地域类型及与周邻地区文化关系提供了新的材料。36座仰韶文化晚期陶窑表明，这里是一个专门用于制陶的手工业聚落遗址。周家嘴头新石器时代遗址所呈现的经济形态以粟作农业为主，养殖牛、羊的畜牧业经济已经萌芽。

以制陶为专门手工业，客观反映了固原地区自仰韶文化到齐家文化的生产结构，实证了宁夏大地的文明曙光，为中华文明起源提供了可靠的考古资料。周家嘴头新石器时代遗址对研究仰韶文化和齐家文化在宁夏东部、陇东、陕北地区的传播具有重要意义，有助于厘清早期中华文明在宁夏的形成发展历程。周家嘴头新石器时代遗址彰显了宁夏在中华文明发展史上的地位，为"考古中国"增添了不可或缺的宁夏力量。

周家嘴头新石器时代遗址

页河子新石器（时代）遗址

页河子新石器（时代）遗址位于隆德县沙塘镇和平村渝河北岸的二级台地上，占地面积达 7.5 万平方米，文化层厚 2～5 米。1986 年，北京大学考古系和固原博物馆对页河子新石器遗址进行了联合发掘，发现多处房址、骨器作坊、排水沟、灰坑遗迹，分属仰韶文化晚期和龙山文化。

页河子遗址仰韶文化晚期遗存中出土的陶器多为橘红或橘黄色，少部分为灰陶，还有部分黑彩陶。器形以平底器为主，尖底器次之。外表以素面为大宗，纹饰主要为绳纹和线纹，其次为附加堆纹，花纹母题

页河子新石器（时代）遗址

页河子新石器（时代）遗址出土文物

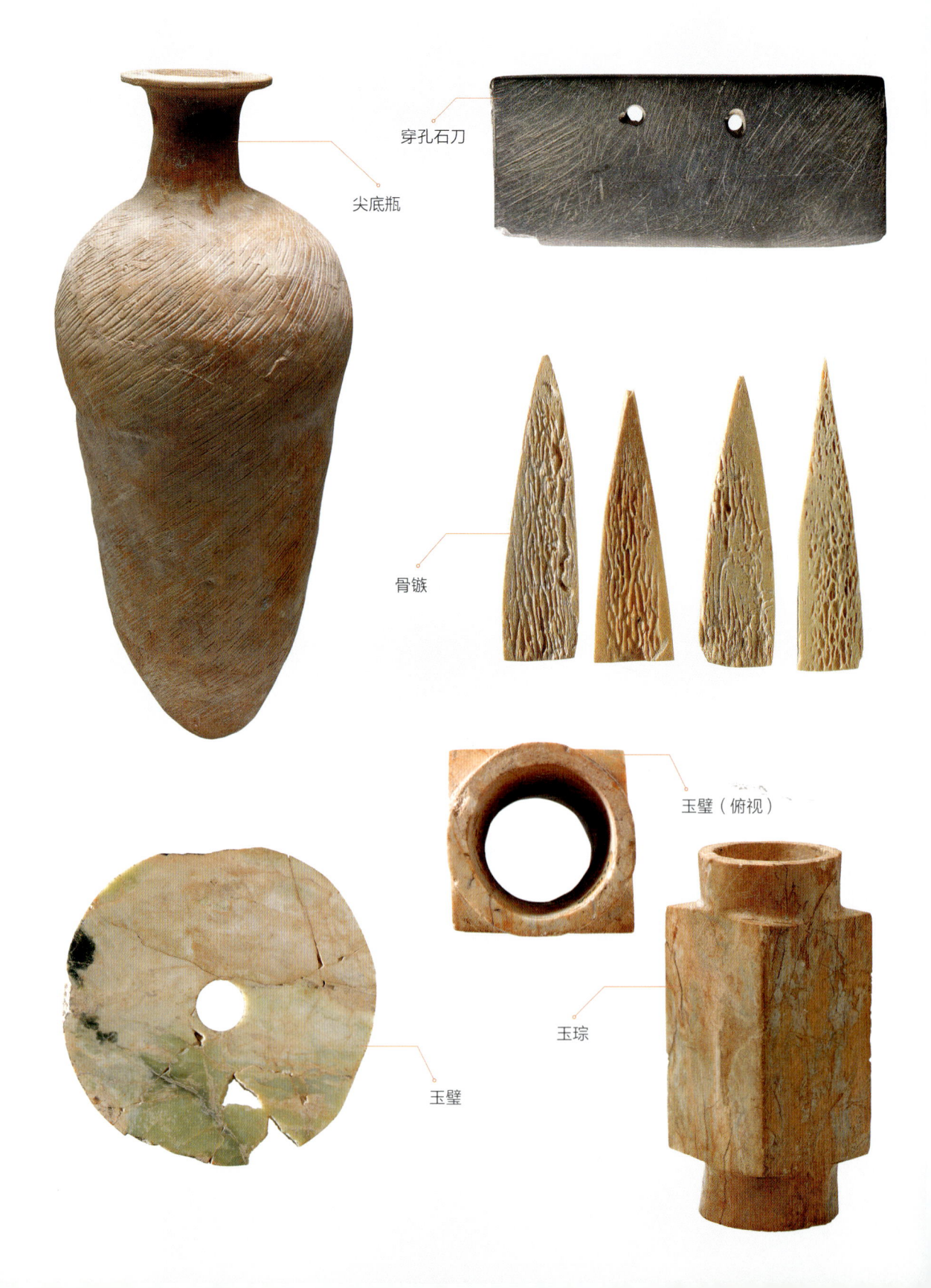

尖底瓶

穿孔石刀

骨镞

玉璧（俯视）

玉璧

玉琮

多为弧边三角和弧线三角纹、平行弧线纹、变体鸟纹与圆点纹。生产工具主要为骨、角质和陶质，石质者较少，手工将尖底瓶残片打磨成两侧带缺口的陶刀、骨锥、石纺轮、鹿角器和骨镞。

页河子遗址出土的龙山时代的陶器仍以橘红和橘黄色者为主，灰色与灰褐色各占一定比例，彩陶极少。外表以素面为大宗，其次为麦粒状粗绳纹和篮纹，另有一定数量的磨光陶和附加堆纹，还有部分红彩几何形纹。器形以平底器为主，还有少量空足器和圈足器，先后出土高领折肩罐、夹砂深腹罐，单、双耳罐以及鬲、斝、盆、豆、器盖等遗物。生产工具以石质和骨质为主，骨器磨制精致，主要有长方形凸刃穿孔石刀、骨锥、陶纺轮、石斧、石锛、石凿、砺石，以及骨针、骨镞、陶垫等类型。

打石沟新石器时代遗址

打石沟新石器时代遗址位于彭阳县古城镇店洼水库北岸，属新石器时代晚期遗址。茹河从遗址南侧流过，部分遗存破坏严重，现存面积约12万平方米，文化层厚1～2米。打石沟新石器时代遗址是宁夏继菜园遗址发掘后20年来又一次重要的考古发掘，使宁夏南部新石器时代考古研究有了新的突破，极大丰富了区域性考古文化内涵，为研究泾水流域新石器时代晚期文化提供了重要资料。

1988年5月，宁夏文物考古研究所和中国历史博物馆考古部联合对打石沟进行考古调查，发现暴露房址、灰坑十余处，采集到陶钵、陶盆、陶罐、单耳罐、双耳罐等陶器和豆圈足残片。这些陶器多为泥质橙红陶，还有少数灰陶，纹饰以篮纹、麦粒状竖绳纹、附加堆纹和素面为主。石器有石斧、石刀、石凿等器型，呈浅黑色，磨制光滑规整。2013

于打石沟窑洞式房址处发现的相同另一类型的房址

年4月开始,宁夏文物考古研究所和彭阳县文物管理所联合对打石沟新石器时代遗址进行为期5个月的考古发掘,从66个灰坑、7座墓葬和1座陶窑中出土遗物400余件。打石沟新石器时代遗址出土的遗物以陶器为主,另有数量较多的石器、骨器、蚌壳和少量玉器。陶器多为泥质红陶、泥质灰陶和夹砂灰陶,涉及鬲、斝、敛口器、双耳罐、单耳罐、折腹盆、钵、双耳杯、单耳杯等多种器形,纹饰以绳纹、篮纹、戳刺纹、附加堆纹、刻划纹为主,制作方法仍沿用手工泥条盘筑法。石器主要为斧、刀、凿、镞、石磨盘等,骨、角器有骨针、骨锥、鹿角等种类。

打石沟新石器时代遗址还出土了带灼烧痕迹的猪头骨与肩胛骨,灼烧痕迹反映了简单的占卜术,表明当时已有原始宗教意识。出土玉器主要为加工玉器时所剩的残片、残段,涉及青黄玉、青白玉、墨绿玉等玉质,包含玉璧、玉璜、玉环、玉斧等器形,个别完整器为玉琮、玉锛等。一块出土的玉石废料具有表面光滑平整、切割线痕明显的特点,说明当时应该已经出现了弓弦一类切割玉料的器具,反映出当时玉器加工

半地穴式房址

工艺达到了较高水平。考古工作者还发现33座依山势成排分布的房址，发掘的15座房址可分为地面式、窑洞式、半地穴式等三种类型。地面式房址12座，房屋朝向多向南、向东，居室平面为圆角方形，由门道、圆形火塘以及两道侧墙和后墙组成。在一孔保存相对完整的窑洞中，考古工作者发现了直径1米的圆形火塘。这种保存状态较好的原始窑洞，在国内新石器时代考古史上实属罕见，是我国目前发现较早且保存较为完整的窑洞式房址之一，为研究窑洞建筑史提供了极为珍贵的考古学资料。

值得关注的是，在打石沟新石器时代遗址还提取到了25种碳化植物种子，其中粟、黍、早熟禾、野燕麦、野大豆等粮食作物种子的数量可观，反映出当时已经出现原始的农业；葡萄种子的出现，说明我国北方早在新石器时代就已种植葡萄；天名精、旋花具有清热解毒、祛痰止血的功效，它们的出现说明当时可能出现了中医萌芽。这批植物种子的发现，为研究新石器时代宁夏南部生态环境、农业生产和社会生活提供了新的素材。

城垣沧桑

姚河塬遗址

姚河塬遗址位于彭阳县新集乡姚河村北部，是宁夏南部泾水上游地区首次发现的一处大型西周城址，为近年来西北商周考古的重大发现之一。

结构复杂的聚落形态、带墓道的高等级墓葬、掌握高技能工艺的铸铜作坊，出土的青铜器、玉器、瓷器、象牙器等珍贵文物和以甲骨文为代表的特殊文化产品，表明姚河塬遗址绝非普通居址，而是西周封国的都邑遗址。

2017年5月，宁夏文物考古研究所在姚河塬遗址发现高等级墓葬区、马坑、车马坑、祭祀坑、墙体、铸铜作坊、道路、灰坑、护城河、大型建筑基址、水网、陶窑等遗迹，出土陶器、原始瓷器、青铜器、陶范、玉石器、漆木器、骨角牙蚌器等遗物。墓葬区位于遗址东北部，共发现墓葬、殉马坑、车马坑、祭祀坑50余座，其中甲字形大墓3座、竖穴土坑大型墓1座、中型墓17座、小型墓18座，马坑5座，车马

1 姚河塬遗址祭祀坑
2 姚河塬遗址殉马坑
3 姚河塬遗址车马坑
4 姚河塬遗址考古开放日

姚河塬遗址出土的文物

▲ 象牙梳

▲ 玉鹿

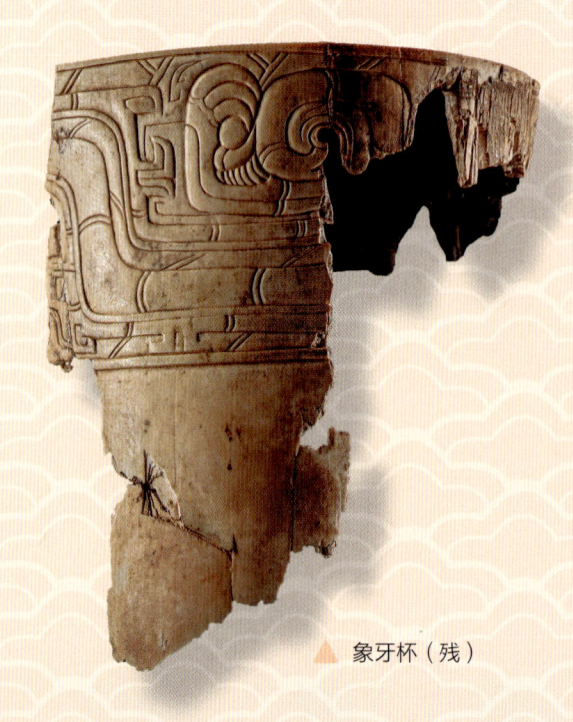

▲ 象牙杯（残）

▲ 玉璋

▲ 灰陶罐

▲ 绿松石珠

▲ 玛瑙珠

▲ 玉鱼

▲ 灰陶鬲

姚河塬遗址手工业作坊区

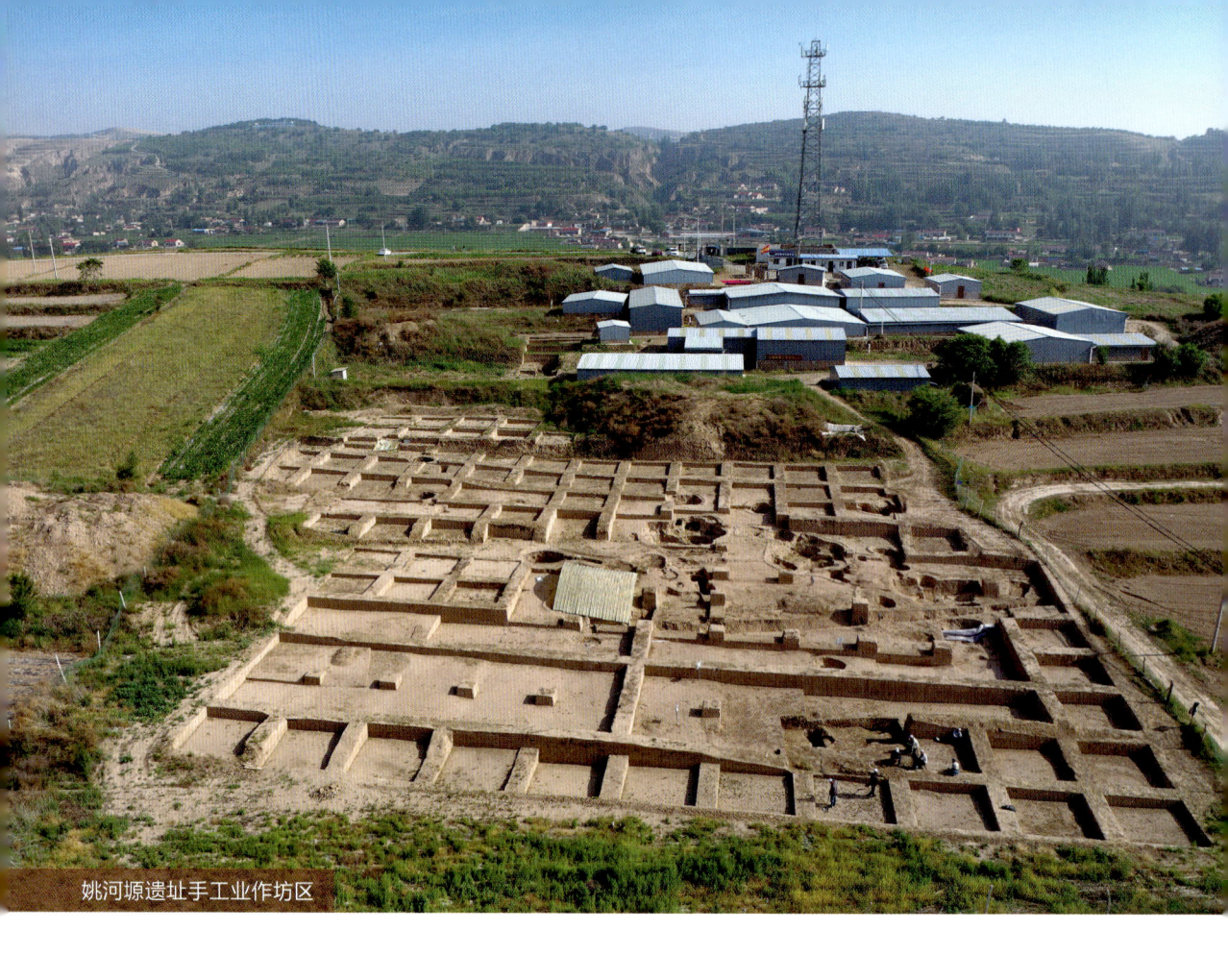

坑4座，祭祀坑2座。墓葬出土的青铜车马器保存完整，有軎、辖、青铜轭、衡末饰、轴饰、车軎辖、泡饰等车饰。墓室底部分别有一个腰坑和四个角坑，墓内随葬品有甲骨文、泡饰、费昂斯珠、绿松石、玛瑙珠等，腰坑内出土了鼎、觯、泡等青铜器和瓿、豆罐等原始瓷器，角坑内零星发现鱼、蝉、螳螂等形态玉器，还有一定数量的骨簪、骨梳、骨珠、费昂斯珠、绿松石、玛瑙珠。宫殿区位于内城中部，为一组夯土建筑，周围有大量的踩踏面。房址、灰坑、窖穴、道路等遗迹，可视为一个整体的遗迹组合。作坊区在内外城都有分布，以陶窑为主，是具有铸铜产业链性质的手工业综合性遗址。

姚河塬遗址的灰坑和墓葬先后出土卜骨、卜甲数片，圆形钻孔的卜骨和方形钻孔的卜甲上皆有灼痕。甲骨文单字发现了近200字。一块

远眺姚河塬遗址

骨片上的100余字记载了有关"薛侯"的刻辞，为探讨墓葬与遗址的国别提供了最为直接的证据。一片背面左侧有墨书"戎"字的骨片，正面左侧有两行34字的刻辞，大意为2人分别率领30个人到夜、宕、隻等地巡查，涉及2个人名和5个地名。在一块有20余字刻辞的卜甲上，可辨出"王""至""月"等单字字形。

固原是《诗经》《国语》《史记》等文献记载中商周时期的大原，居住在此的猃狁、犬戎、鬼戎、义渠戎等戎人集团经常侵扰周王边地。姚河塬遗址是目前所知西周时期西北方最为偏远的诸侯级国都邑城址，对研究先周文化的起源和形成、探究西周建立后对西部边缘地区的管控模式、认识西周时期西北边陲文化面貌和社会变迁具有重要价值。

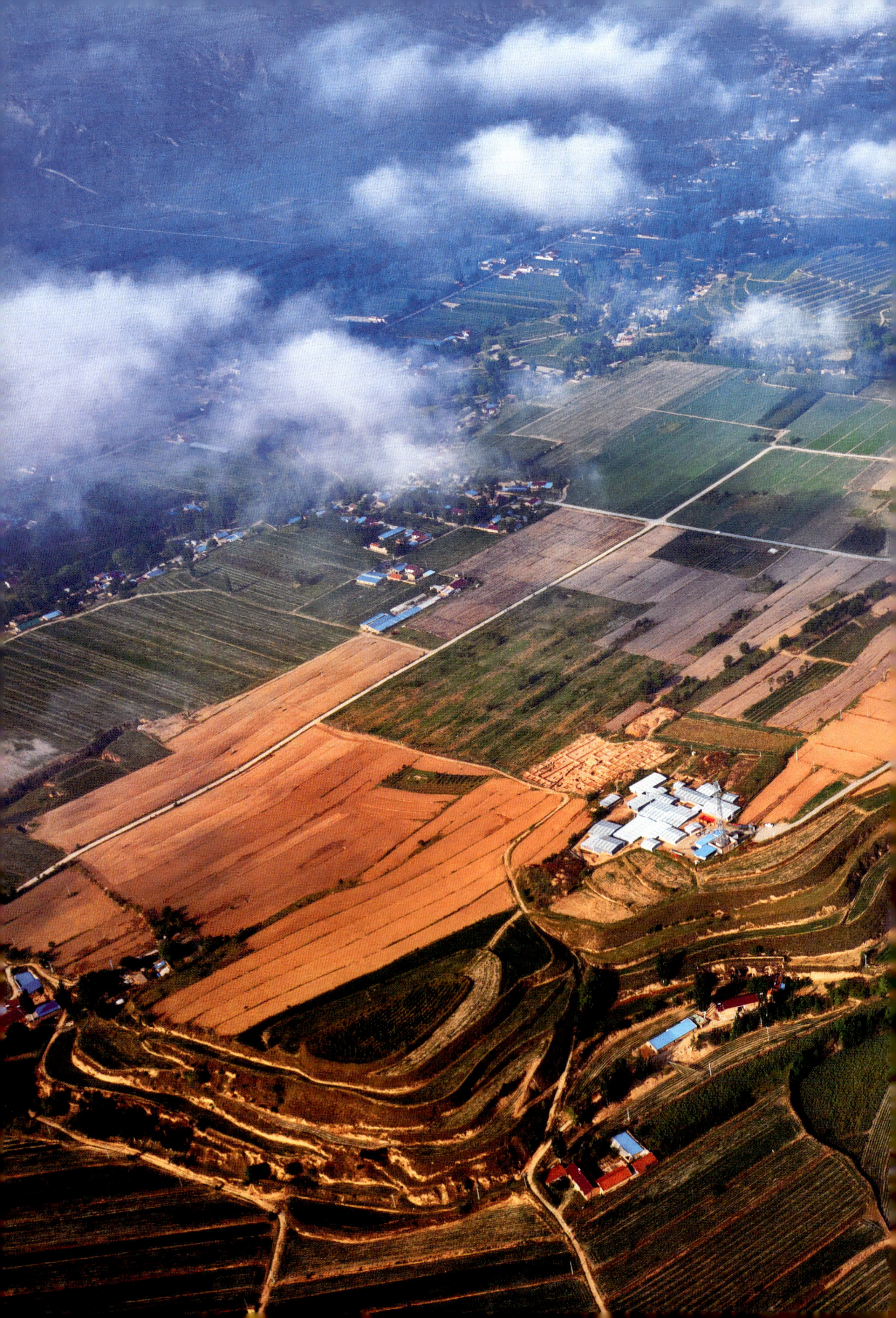

彭阳姚河塬遗址全貌

战国秦长城遗址

战国秦长城是秦昭襄王（公元前306年—前251年在位）伐灭在陇东地区从事农牧业生产的义渠戎国后，为防守陇西、北地、上郡等地所修筑的一道长城。这段长城西起临洮，东北经陇西、榆中、上郡，向北延伸至九原。横跨宁夏固原市的这一段长城，长约200千米。战国秦长城虽历尽千年历史岁月剥蚀而残破，却仍闪耀着先人智慧，散发着古代固原的历史韵味。

战国秦长城从甘肃省静宁县进入宁夏西吉县，沿葫芦河东岸北行，经将台堡镇的东坡、保林、明荣村后，于将台的东南侧折向东，进入马莲乡；又沿着马莲川河东北上，经红庄乡，穿滴滴沟至孙家庄南；折向东，过海子河到吴庄、郭庄，到达清水河西岸。在此，长城分为内外两道：一道从海堡开始，绕乔洼，过清水河，到郑磨，又沿河岸南下至陈

秦长城原州区海堡段

家沙窝；另一道从海堡向东，过清水河，也到陈家窝，与前道长城合并，然后进入固原东山。到此向东南经原州区官厅镇、吴沟村的蔡家洼，进入河川乡海坪村的墩弯，过寨洼村，又东行至河川乡黄河村后，向东南到城阳乡的白岔、长城塬，自叶家寨转向东北孟塬乡的赵山庄、草滩、麻花洼后，折向北出宁夏境，进入甘肃省镇原县马渠乡的城墙湾村庄。

固原境内的战国秦长城多修筑在山峦北坡，依山就险、因坡取势，山谷隘口平川地带则以夯土筑成。现存高度1～3米。战国秦长城每隔200～300米筑有一座突出于墙外的墩台，距离为当时弓箭的有效射程之内。1988年，战国秦长城被确立为宁夏回族自治区文物保护单位，随后又被公布为全国重点文物保护单位。

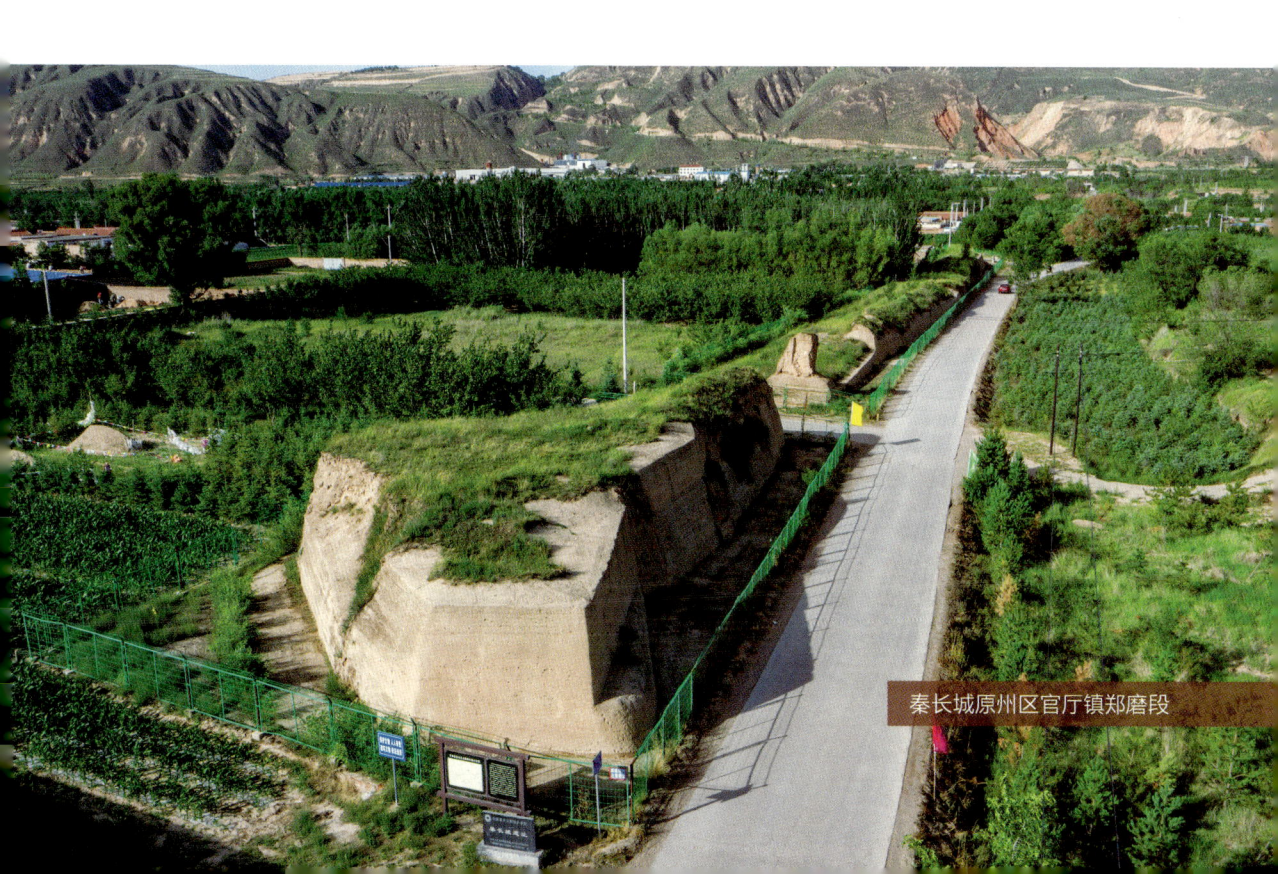

秦长城原州区官厅镇郑磨段

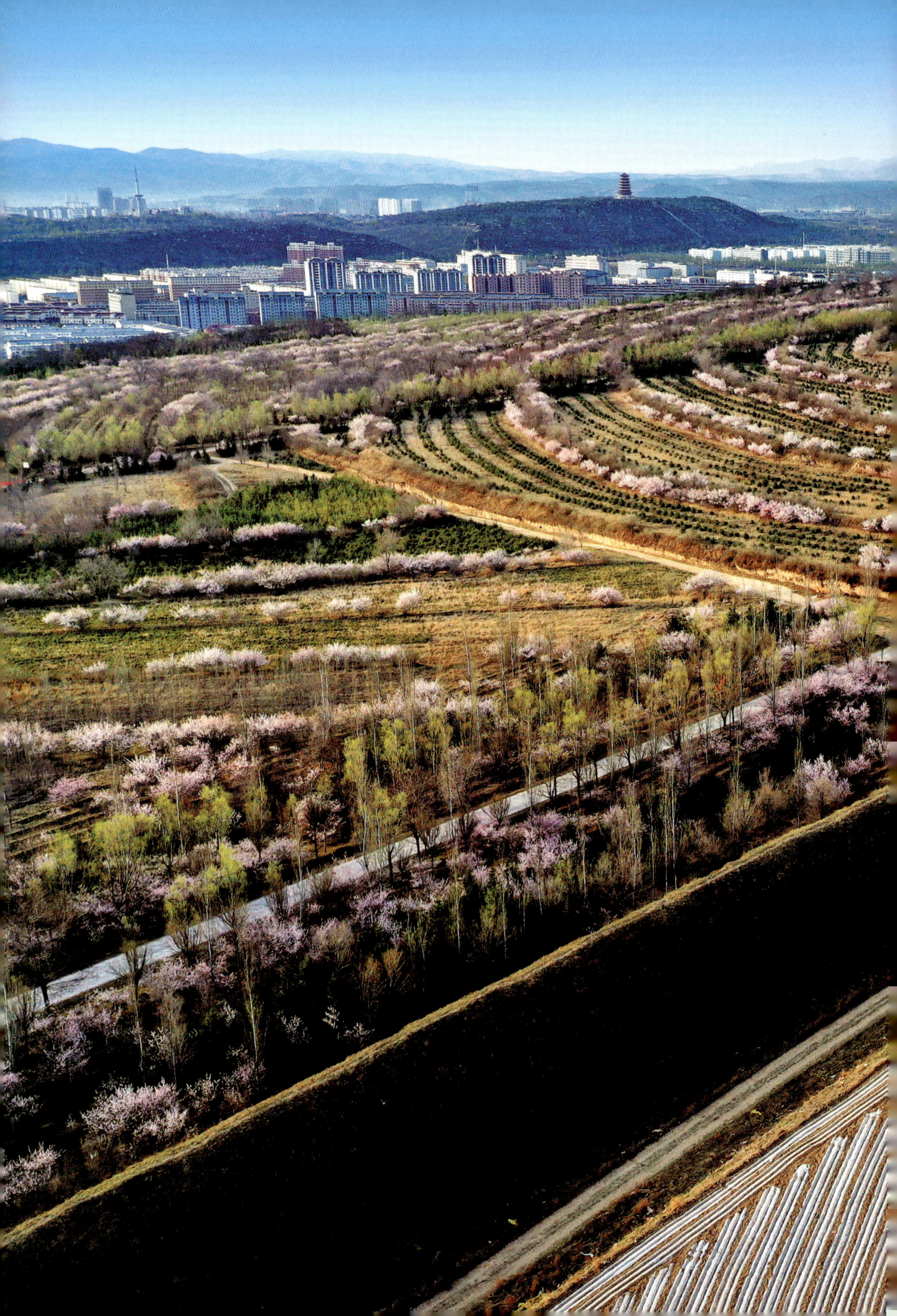

原州区官厅镇长城梁

朝那古城

朝那古城位于彭阳县城西 15 千米的古城镇，地处茹河与任山河交汇处的茹河北岸，为秦汉朝那县治所，是宁夏境内设置最早的四个县治之一。朝那古城地处古代关中北出西域的交通要冲，为萧关古道重要枢纽，军事战略价值和中西文化交流意义显而易见。

朝那古城一带地势平坦，平面呈长方形，占地面积达 32.70 万平方米。大体为中城、东街、西寺、南仓的布置格局，设有东西南北四门。古城大约始建于西汉中期，东汉至魏晋南北朝为兴盛时期，

朝那古城遗址今景

唐宋以后逐渐败弃。北宋在朝那古城置东山寨,金为东山县,元为广安县、广安州。

近年来,考古工作者在遗址内发掘出土大量珍贵文物,尤以西汉初年的朝那铭文鼎、错金银铜羊和"弘宫"铜盘最为著名。此外,具有秦汉建筑特点的残砖碎瓦、绳纹大板瓦、小筒瓦、卷云纹瓦当、陶水管在古城内也是俯拾皆是,历代货币时有发现且数量众多。北宋"东山寨修城记"碑、"宋故董府君墓志铭"等具有历史、科学和艺术价值的文物,折射出昔日朝那古城的辉煌与文明。

朝那铭文鼎

错金银铜羊

黄铎堡古城遗址

黄铎堡古城位于原州区黄铎堡镇黄铎堡村，原名平夏城，因明代固原卫指挥黄成（又名黄原）的曾孙黄铎在内城西北角筑堡而得名。作为丝绸之路东段北道的必经之地，黄铎堡古城是北宋时期六盘山地区军事重镇之一。

北宋绍圣四年（1097年），渭州知州章楶修筑平夏城。城池平面呈长方形，有外城和内城之分，鸟瞰呈"回"字形结构，总面积2万多平方米。外城墙建有瓮城4座，黄土夯筑城墩44座，四周开挖宽约30米、深1~2米的壕沟。城内散布唐宋时期砖瓦建筑材料与瓷器残片，豆绿瓷碗、乳白釉碗、陶罐、瓮、盆残片俯拾即是。大观二年（1108年），宋徽宗将平夏城改置为军，初定名威德军，后改名怀德军。

黄铎堡古城遗址

大营城遗址

大营城遗址

　　大营城遗址位于原州区中河乡庙湾村，总面积达15万平方米，是宁夏现存最为完整的古城遗址，为全国重点文物保护单位。

　　宋徽宗为防御西夏，在今固原市原州区黄铎堡设怀德军（平夏城），修建大营城进行军事协防。大营城和平夏城、固原古城一字排列，相互依托，成为北宋西北军事防御的重要一环。

　　大营城城址平面呈梯形，城墙以黄土夯筑，南、北两门外建有呈半月形的瓮城，城墙西北角和东北角各有一角台。大营城最为独特的构造是南、西、北三面的两重护城壕，这在古今中外皆属罕见。大营城护城河河水引自大营河，河水绕城而过，古护城河保存完好。城内地面散布明清时期的瓷片、陶片和碎瓦，一些城砖上还有雕刻精美的花纹，勾画出了这座丝绸之路上千年军事重镇的历史脉络。

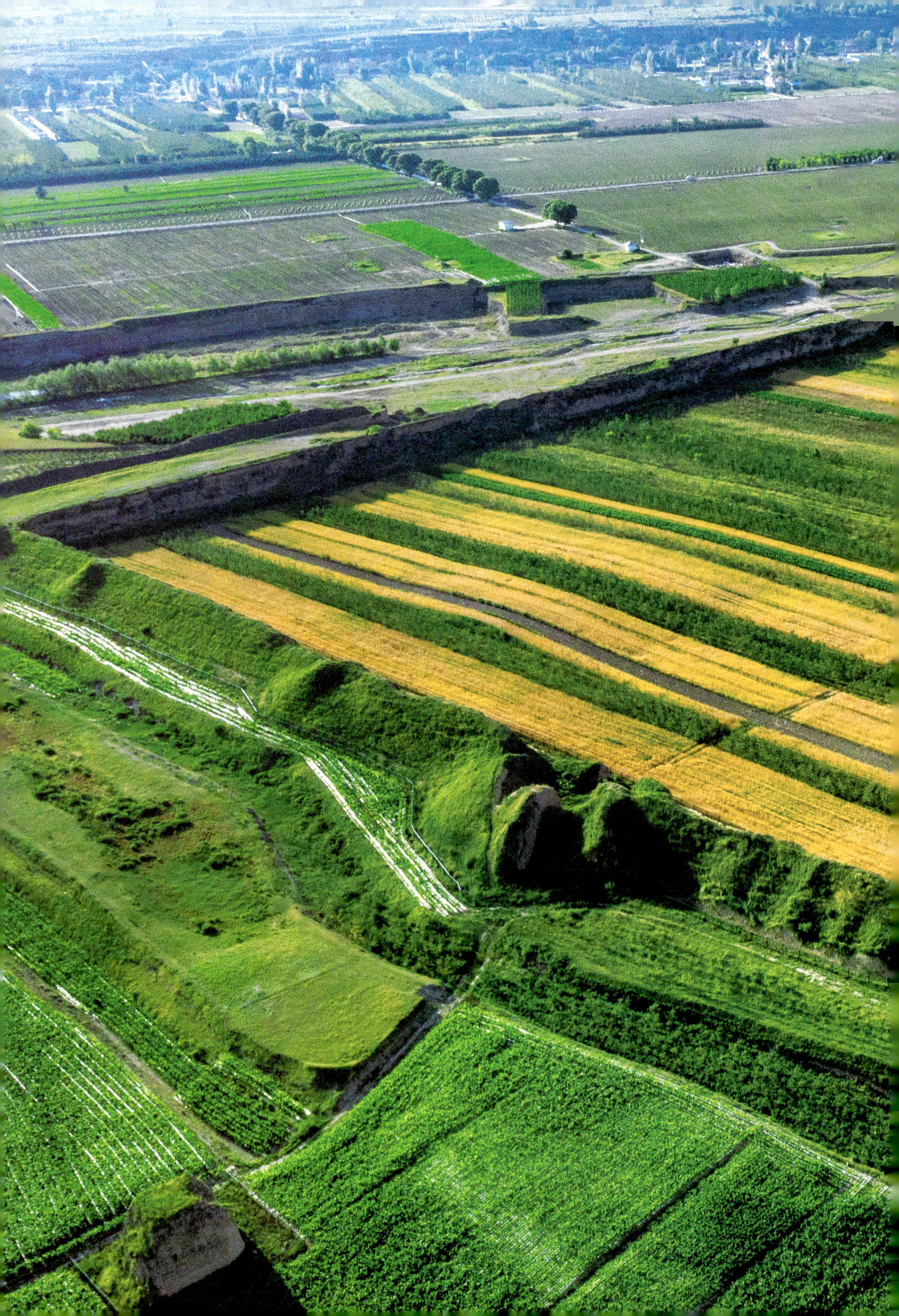

大营城遗址

固原地区流传着杨六郎在大营城抗击西夏的传说，杨家将故事在当地家喻户晓。元末明初，战乱导致固原一带人口流失，明太祖朱元璋将大营城赐给肃王作为军马牧所。明永乐四年（1406年），明成祖在大营城置甘州群牧千户所。三边总制常驻固原后，大营城成为固原镇外围重要据点。大营城不但为研究宋元明三朝西北军政提供了重要资料，而且其"营川麦浪"入选明清时期的"固原八景"。《宣统固原州志》收录了清代诗人韩谦的《营川麦浪》一诗，描绘了一派农田阡陌、丰收在望的田园风光。营川即大营川，因地势平旷、山峰展列而有"粮食川"之美誉。

羊牧隆城

羊牧隆城位于西吉县将台堡镇西南，既是丝绸之路东段北道必经之处，又控遏六盘山地区交通要道，故成为边陲重地。北宋天禧元年（1017年），泾原安抚使曹玮为经营六盘山地区，命人在葫芦河上游邪没笼川筑城，当地少数民族部众称之为"羊牧隆"，实由"邪没笼"转译而来。庆历三年（1043年），北宋在泾原路陇山以西设德顺军，取羊牧隆城和邻近的德顺军之"隆""德"二字，将羊牧隆城更名为"隆德寨"，为今宁夏隆德地名之始。金皇统二年（1142年），金军占领隆德寨后设县，命名隆德。南宋宝庆三年（1227年），蒙古大军进占隆德县城，成吉思汗委派蒙古将领阿都忽、火力虎达镇守。元至元十五年（1278年），忽必烈以六盘山附近无行政机构为由迁移隆德县城。羊牧隆城因丝绸之路贸易形成集市，以火姓人居多而得名火家集。

羊牧隆城依山而建，东临葫芦河，西靠滥泥河，坐落在两河之间的三级台地上。城址平面呈长方形，总体地势北略高于南。外城呈

羊牧隆城遗址

"回"字形，分设四门，其中北门和南门分别建有方形、圆形瓮城。在东、西两门的二级台地上遗存方形内城，因形似耳朵而得名"耳城"。内城分设北、南、东三座城门，除南门位置清晰外，其余城门遗址情况不明。城内地面散见大量宋代瓷片。城内军马场、大教场、小教场、店子院等名称沿用至今。

羊牧隆城作为北宋渭州（今甘肃省平凉市）所属"山（指六盘山）外四寨"之一，在六盘山边防体系中具有重要的军事和经济意义。城寨设立初期驻扎蕃兵指挥一部，北宋元丰二年（1079年）实行置将法，隆德寨为第十寨驻地。熙宁十年（1077年），羊牧隆城的商税和买扑税额在德顺军排名第四，仅次于德顺军治所笼竿城和内边城寨水洛城、静边寨。1999年，考古工作者在羊牧隆城发掘出土约两万枚北宋铜币，说明这里曾是北宋在六盘山地区重要的后勤保障基地。

德顺军城址

　　德顺军城址位于隆德县城关镇隆泉社区。北宋景德元年（1004年），泾原路曹玮请筑笼干城于陇山之外陇干川；大中祥符七年（1014年）笼干城开建，天禧元年（1017年）筑毕。招募弓箭手计口给田，屯守于此，泾原路驻泊钤辖郝荣掘挖笼干城壕。庆历三年（1043年），泾原安抚使王饶臣上疏仁宗皇帝，请建置军，仁宗准允，是年一月二十三日建军。因北宋大将王彦升于建隆二年（961年）镇守原州，曾领镇戎、德顺、怀德三军驻六盘山外，德顺军曾驻陇干川，故取名德顺军，治笼干城，隶秦凤路。德顺军初辖一县四寨，后辖一县一城六寨。

南宋绍兴元年（1131年）德顺军被纳入金朝版图，金皇统二年（1142年）改州后升为德顺州，德顺州辖六县四寨一堡。元撤德顺建制，隆德县由火家集移治于笼干城。

德顺军城址基本呈方形，南北900米，东西800米。现存城墙240余米，较完整墙段实测高12米，基宽12.5米，顶宽6米。古城四角筑有角台。开东门二，南门一，西门一，今皆无存。据民国《隆德县志》记载，明洪武二年（1369年）重修，成化十九年（1483年）削南城三里三分，崇祯八年（1635年）再削西北城三里许。清顺治十七年（1660年）复修补。1920年因震灾坍塌，知县蔡则沈再行修葺。

德顺军城墙

石窟造像

须弥山石窟

须弥山石窟位于原州区黄铎堡镇须弥山南麓,南临寺口子河(古称石门水),总数达一百多处。"须弥"是梵文,意译宝山,相传是古印度神话中的名山。须弥山在佛教中具有非凡意义,佛经中称曼陀罗、须米楼、苏弥楼、须弥楼,意译"妙高""安明""善积"。依据佛教理念,须弥是诸山之王和世界的中心。须弥山最初叫逢义山,唐代兴修景云寺后改名,须弥山之名延用至今。

须弥山坐落在六盘山支脉寺口子河北岸的山峰上,山体由紫色砂岩、砂砾岩和页岩组成。须弥山石窟始建于北魏太和年间(477—499年),兴盛于北周和隋唐时期,宋元明清各朝持续修葺,是中国开凿最早的十大石窟之一。与国内大多数仅开凿在一座石崖上的石窟迥然不同的是,须弥山石窟开凿在鸿沟相隔的8座石山上,各沟之间有梯桥相连,方便游客欣赏具有重要艺术价值的北朝、隋唐石窟造像。作为丝绸之路沿线的著名佛教石窟之一,须弥山的开凿规模、造像风

须弥山石窟大佛雕像

格、艺术成就可与敦煌莫高窟、大同云冈、洛阳龙门等大型石窟媲美，是我国古代文化遗产瑰宝。历经西魏、北周、隋唐续凿及各代修葺经营，须弥山石窟成为中国古代自长安西行路上第一座大规模佛教石窟。唐朝为加强西北边防，在须弥山设立石门关，管理中原与西域的商贸交通。石门关作为唐代著名的原州七关之一，为西北通往都城长安的要冲，是关中和中原的门户。

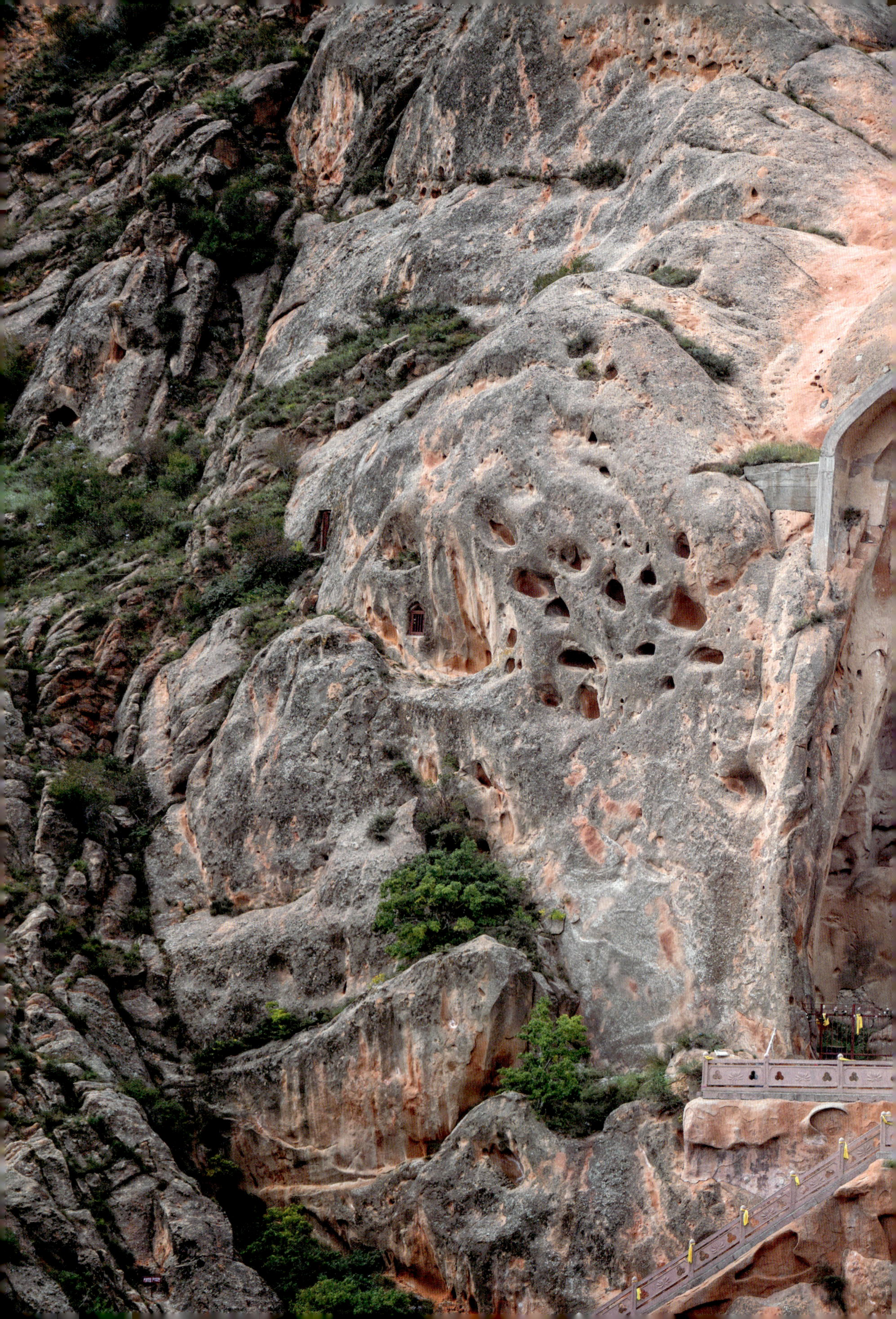

远眺须弥山石窟大佛

无量山石窟

　　无量山石窟位于彭阳县川口乡田庄村北塬组，背靠无量山，面向石峡河，集中体现了固原的地域文化。石窟开凿于北宋天圣十年（1032年），位于半山腰石崖上，共有两窟，相隔约50米，坐南面北，沿石峡河东西排列。

　　东窟窟顶呈穹窿形，进深0.8米，有5尊石质佛像，其中4尊保存完好。3尊主佛并排而坐，造像通高2.1米，崖壁铭刻题记2处，左刻"天圣十年"，右刻"张行□□"。窟内居中坐像为释迦牟尼，结跏趺坐于莲花宝座上，面相清瘦，高肉髻，身着袈裟，右手伸二指指天，左手扶膝，嘴微动，作说法状。在莲花宝座的束腰处雕三力士双手上擎，

无量山石窟入口

以示承托。居右为无量寿佛（阿弥陀佛），结跏趺坐于仰莲座上，着袈裟，眼微闭，神情庄重肃穆，双手相叠置于腿部，结禅定印。莲花座束腰处雕两头相向而立的雄狮以承托。居左为弥勒佛，双腿倚坐，面相丰韵饱满，阔鼻大耳，笑容可掬，着袈裟，两耳垂肩，足踩分枝莲花，双手扶膝。在3尊主佛像左侧4米处，有高约1.6米的道教护法神——北帝造像。他右腿平放于圆台上，左腿弯曲下垂，足踩玄武，左手扶膝，右手呈握剑状，怒目而视，神态威严。

西窟佛像雕凿于北宋景祐二年（1035年），共有20尊造像，为一佛、二菩萨、十六罗汉、一护法神像。造像从左到右依次编号为01至20号，一线排列在距地面0.9米、长8.2米的石崖上，造像最高0.8米，

无量山石窟雕像

无量山石窟群雕

最低 0.38 米，其中 7 身保存较好。11 号佛造像，通高 0.8 米，结跏趺坐于莲花宝座上，身着袈裟，右手扶膝，左手托钵置于腿部，头残。10 号佛造像为左胁侍菩萨，身着长裙，双手合十置于前胸，通高 0.55 米。12 号佛造像为右胁侍菩萨，身着长裙，右手呈握状，左手扶膝，双腿倚坐。除 7 尊罗汉像保存较完整外，其余罗汉像均有不同程度的毁损，均在头部，轻者毁面，重则无头，但造像姿态分明，衣褶清晰可辨。保存完整者有的闭目养神悠闲自得，有的手捧经卷俯首诵经，形态各异。在距地面约 2.6 米处有一题记："景祐二年四月十二日刘绪等公修罗汉人"。

无量山石窟虽为摩崖造像，却有石窟造像的特征。造像者融合了圆雕、浮雕和阴刻等多种雕凿艺术手法。所刻佛像体型圆润，线条流畅活泼，造像者对佛像衣纹、眼神等处刻画生动入微，创造出敦厚含蓄、健康优美的艺术形象。从内容和形式来看，无量山石窟为研究北宋时期宁夏宗教文化和石窟艺术提供了实物资料，实为镶嵌在宁夏南部艺术桂冠上的一颗璀璨明珠。

延龄寺石窟

延龄寺石窟位于泾源县新民乡张家台村，传说为宋代名僧济公和尚修仙行道之处，现存石窟遗址四处。石窟开凿于石嘴河北岸砂岩壁，4个洞窟排列于山崖上，因年久失修而风化剥落严重。根据石窟形制和一号窟、二号窟内后壁佛光的特征判断，延龄寺石窟开凿于北宋时期。

一号窟为券门方窟，窟室平顶直角，宽2米，进深2.1米，高1.15米，窟后壁雕凿佛像一尊，头部残缺。二号窟位于一号窟东22米处，拱券门，宽2.18米，进深1.6米，高1.2~1.76米，东西两壁下部凿有对称的两小龛。龛楣上雕凿佛像各两尊，但损毁严重，仅存轮廓。后壁凿有3尊佛像，像身毁，仅存上部佛光，背光呈桃形，攒尖状，其上雕刻有两圈云纹。三号窟位于二号窟东2米，宽0.65米，高0.76米，进深0.17米，石窟中间有一尊佛像盘腿端坐于须弥座上，双手平放于膝，头部残缺。在二号窟和三号窟之间，凿有一长方形佛龛，龛内佛像已毁。四号窟在三号窟东1.9米，拱券门，窟室为平顶直角，后高前低，宽2.9米，进深1.75~2.1米。后壁雕3佛，均坐于须弥座上。3佛盘腿端坐，双手平置于膝上，上部残毁，仅存下部轮廓。窟室东西两壁雕有对称的5尊佛像和1尊力士像，身着武士装，头部残缺。其余雕像形体较小，皆漫漶不清。窟室内前壁左右侧雕2佛像1力士像，剥蚀严重，仅存轮廓，或坐或立，姿态各异。

石窟寺石窟

　　石窟寺石窟位于隆德县城西南的南凤山山腰，占地面积约2万平方米。南凤山因形似凤凰临风展翅而得名，石窟寺依壁而建，中间凿有大雄殿、无量殿、大士殿三窟。左侧的大雄宝殿门额镌有"磨日岩霄"四字，典故出自广成子在石窟寺修炼，"石窟磨日"成为清代"隆德八景"之一。相传广成子黎明时分打禅静坐，看红日东升后与山顶相磨，因而悟道。中间的无量殿形制大小与大雄殿相仿，留有残存佛像遗迹。大士殿为平顶直壁，高2.4米，宽2.8米，进深5.2米。三窟左右各有一座小石窟，左为子孙宫，右为文昌宫。

　　石窟寺石窟的始凿年代不详，北宋后期扩建重修，旧志记载宋末

抗金名将吴玠、吴璘曾避暑于此，西山堡为其屯兵守卫之处。清代中叶以来，石窟寺石窟香火鼎盛，从山脚至山顶开凿石梯数百阶，香客游人拾级而上可直抵大殿。同治年间，石窟寺附属建筑毁于兵燹。1984年，考古工作者在大雄宝殿内右侧小窟玄圣宫黄草泥皮剥落的墙壁上发现宣纸书写的"探花吴宗达""大定四年"等文字，说明金代大定四年（1164年）探花吴宗达曾来此寻祖拜谒并留下遗迹。台阶下出土3块残碑，其一碑头为"福寿碑记"，落款为"大明万历三十四年"（1606年）；其一为清代乾隆时期石碑，记载的是当时补修寺观的事迹；其一碑破损剥蚀严重，字迹莫辨。

石窟寺石窟

火石寨石窟

火石寨石窟，又名扫竹岭石窟，位于西吉县火石寨乡火石寨国家地质森林公园景区内的云台山上，由山脚至靠近山崖顶部可分为6层，共38个窟，呈东西向分布，洞窟面朝南或东南。

石窟始凿于唐代，多数洞窟为平顶方形窟，窟内三面设石台，台面上可见立柱圆孔，推测正壁下方平台及两侧平台为安放泥塑造像之处，这一洞窟形制符合唐代洞窟布局特点。另据宣统《固原州志·卷二·地舆志》记载："云台山在州西百余里，峰势陡峻，危桥深洞。明时建有真武祠，或又称为西武当云。"且现在多座洞窟仍有泥塑道教造像，并时常有道教活动。由此推测石窟在明代时期宗教活动开始以道教

火石寨风光

活动为主，并延续至今。

火石寨石窟的形制较规范，多为平顶长方形，外立面大多经过修整，或将崖壁向内凿平，开出一个长方形或凸字形的槽框，再在框内开窟；或窟口上半部利用天然弧形崖壁，下半部分向内凿平修整。在一个或一组相邻的石窟东西两侧常有人类生活遗迹，地面上可见墙基、柱洞、脚窝或阶梯及立柱痕迹，崖面经凿平修整作为墙壁，上方崖面有成排的圆形孔、长方形孔等用椽用梁痕迹。附近水窖较多，房屋内也可见盘炕、烟道等生活痕迹，应为邻近石窟的附属生活建筑区。所以火石寨石窟是一个规模较大的既可以进行宗教活动、又能居住生活的石窟寺建筑群。

1984年征集来的宋代释迦牟尼鎏金铜造像，为火石寨石窟中流失的雕像

1984年征集来的宋代菩萨座像，为火石寨石窟中流失的雕像

佛教循古丝绸之路东传中国路线及宁夏主要石窟分布示意图

惠农区
石嘴山市
大武口区
平罗县
黄
银川市
贺兰县
河
西夏区
金凤区
兴庆区
自甘肃武威
永宁县
灵武市
青铜峡市
吴忠市
利通区
石空大佛寺石窟
盐池县
黄
中卫市
沙坡头区
河
中宁县
红寺堡区
自甘肃至武威
清
同心县
水
至甘肃环县
自甘肃至靖远
海原县
河
须弥山石窟
无量山石窟
固原市
原州区
西吉县
石窑寺石窟
彭阳县
隆德县
至平凉
至甘肃会宁
泾源县
延龄寺石窟
银川市 省级行政中心
固原市 地级行政中心
西吉县 县级行政中心
石窟
河流
省级界
丝绸之路的方向

建筑遗珍

璎珞宝塔

璎珞宝塔位于彭阳县冯庄乡小湾村牛湾组，为一座七层楼阁式仿木结构空心砖塔，是宁夏南部现存的唯一一座有明确纪年的明代古塔。宝塔前临深涧，背依山坡，与东面一字等距排列的七个宛若馒头的小山隔河相望。因远望宝塔犹如珠玉装饰而成，地方志书故称之为"璎珞塔"。

塔身通高20米，由塔基、塔身、塔刹三部分组成。塔基呈八角形，用红砂岩砌筑，高0.25米。塔身平面呈八边形，每面边长1.6米，东面开一高约1米的券门，以条石砌成。塔开十窗，第三、六、七层南北两面正中对应开六窗，第四、五层东西两面正中对应开四窗。窗孔均一尺见方，用于通风采光、登高远眺。八角十窗的布局，既简洁朴素大方，又小巧玲珑剔透。塔室采用空心式木楼层结构，架设名为"临极顶"的木梯以供登攀。塔室西面高约4米处设一佛龛，顶部八面收分，上雕刻道教阴阳八卦图，为研究明代儒、释、

璎珞宝塔

道三教在西北地区的融合与演变提供了珍贵的实物资料。

　　塔身第一层略高，第二层背壁正中嵌有一块长0.9米、宽0.45米的长方形石匾，中间双阴线横刻"璎珞宝塔"四个大字，右竖刻"发心功德主张侃高氏"，左刻"嘉靖三十年二月初一立"。塔身各层由下而上逐级缓收，显得挺拔稳健。每层以叠涩砖出檐，檐下各面正中及转角处均饰以砖雕的一斗三升的斗拱。塔身第三层起各角挑檐原有砖铎悬挂风铃，今已铃失柄残。除第五、七层外，其余每面均以阴数（单数）层砖砌就。第三层上置有上仰莲瓣形刹座，第七层之上为塔刹，塔顶为八面覆斗式仰莲瓣形刹座承托的八面十三璇相轮，相轮之上置圆形刹顶。

文澜阁

　　文澜阁原名魁星楼，坐落在原州区第二小学院内，位于古城内城墙东南角，是固原地区保存较完整的明清古建筑之一。明弘治十四年（1501年），户部尚书兼右副都御史、三边总督秦纮创建魁星楼，两年后落成。历经三百多年风雨与战火，固原城墙已毁，魁星楼破败不堪。清道光二十五年（1845年），固原人杨忠武筹资予以重修。光绪末年，魁星楼因年久失修而濒临塌毁。时任固原知州王学伊为"招东来紫气，起地方文脉，壮山城景色"，选址固原城墙边一座高达12.3米的锥体土墩，倡议地方乡绅捐资重建魁星楼。

文澜阁（魁星楼）旧影

今日文澜阁（魁星楼）

    重建的魁星楼为六边形三层檐亭式木结构建筑，列柱里外两排。上檐内部为攒尖式，角梁和顶部由雷公柱支撑。各层外檐均使用双层飞椽，方形飞椽前端做刹。上檐用斗拱，除角斜外，每面正身施一三踩单翘结构。飞檐翘角，各角砌脊施兽，砖宝顶。瓦顶全部为筒板布瓦。魁星楼颇有南方建筑风格。民国年间，固原一些文人墨客为魁星楼起了一个雅名——文澜阁。当时的固原县图书馆就在文澜阁西侧，所以1926年书法大师于右任登阁游览后，为固原县图书馆题联写下了"翠接文澜阁，瑞映须弥山"的佳句。

山水览胜

六盘山国家森林公园
火石寨国家地质公园
老龙潭
胭脂峡
固原梯田
西吉震湖
朝那湫渊
茹河瀑布

六盘山国家森林公园

六盘山国家森林公园横跨原州区、泾源县、隆德县一区两县，总面积达678平方千米，主峰米缸山海拔2942米。这里既有水平地带性的森林和草原，又有低山草甸草原、针阔混交林、阔叶矮林等组成的山地垂直植被景观，森林覆盖率在80%以上，为西北地区重要的水源涵养林基地。

六盘山国家森林公园的野生生物资源十分丰富。在茫茫林海之中有788种植物，这里广泛分布着山杨、桦、辽东栎、混生椴、槭、山柳、华山松等树种，林下有箭竹、川榛及多种灌木。这里生长的药用植物多达600余种，其中党参、黄芪、贝母、桃儿七等中药材畅销全国。生活在六盘山森林公园的脊椎动物约有200种，其中包括国家一级保护动物金钱豹和国家二级保护动物林麝。以红腹锦鸡、勺鸡和金雕为代表的147种鸟类，常年活跃在六盘山区的森林草地之中。六盘山共有昆虫17目123科905种，尤以金蝠蛾、丝粉蝶、黑凤蝶、波纹水蜡蛾等稀有物种最为珍贵。六盘山地区丰富多样的动植物、微生物资源和非生物

六盘山国家森林公园入口

环境，共同形成了一个和谐、稳定的生态系统，成为黄土高原的生态屏障和进行综合科研的巨大"基因库"。

六盘山森林茂密、气候湿润，形成了我国黄土高原西部具有代表性的温带森林生态系统，为泾河、清水河、葫芦河的发源地，有"春去秋来无盛夏"之说。六盘山兼具北国风光之雄和江南水乡之秀，是西北地区难得的生态旅游胜地。小南川以秀美的人工针叶林、茂密的天然次生林和跌宕起伏、清澈透亮的泉溪瀑布为主要特征，为六盘山国家森林公园王牌景点之一。因为古树潭、相思水、桦树湾、红桦林、飞流直下、龙女出浴等独特景致，小南川被誉为"西北小九寨"。地处六盘山腹地的凉殿峡凉爽湿润，环境优美，是集休闲、观光、避暑、历史考察

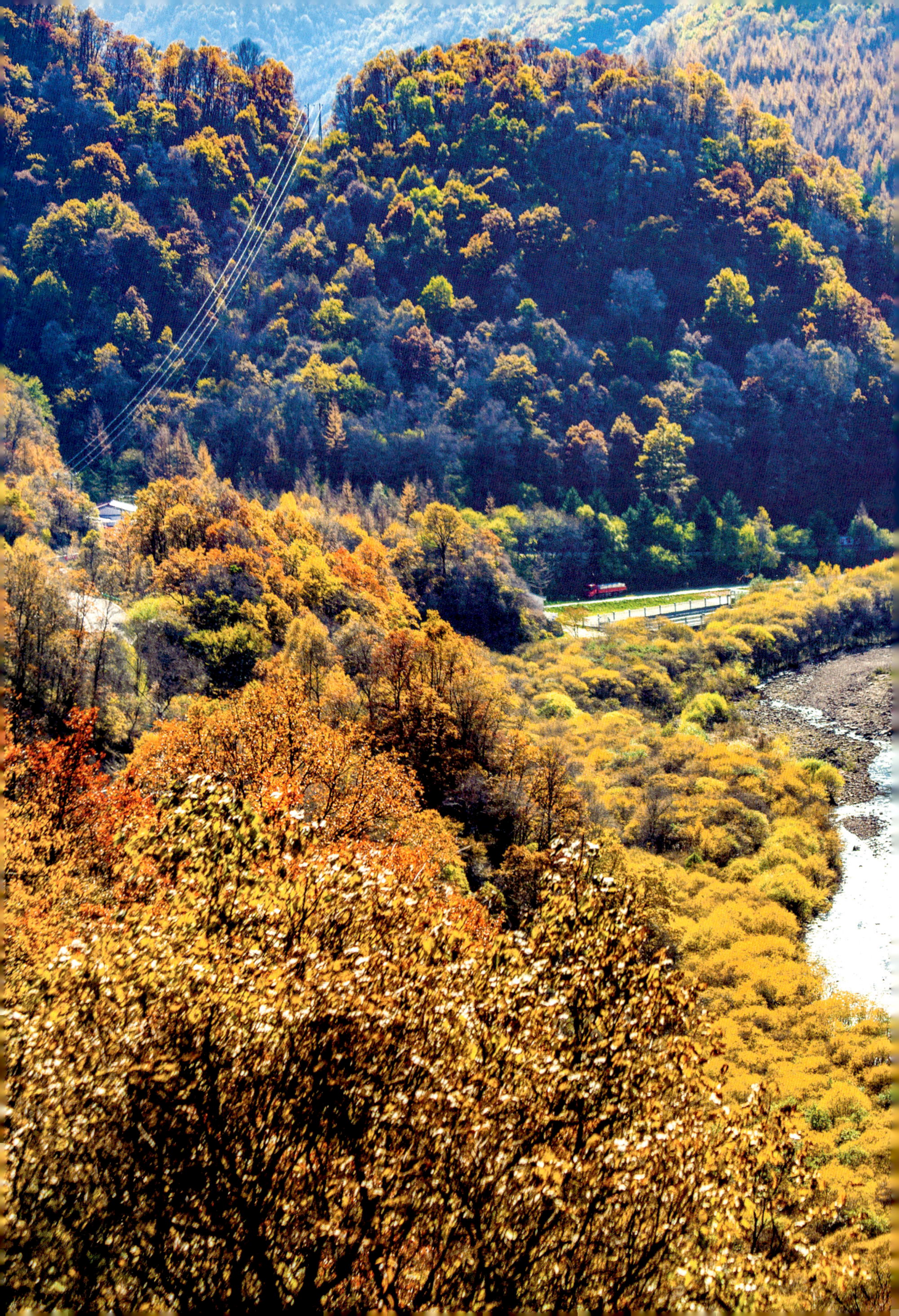

六盘山国家森林公园秋韵

于一体的旅游胜地。成吉思汗率军攻打西夏时曾在此屯兵休整，至今还有基石、桥墩、喂马石槽、插旗座等遗迹残留。野荷谷是一个以秀美的自然风光为特征的风景区，峡谷两岸是绝壁，野生华山松满布石

六盘山景区

崖,缓坡和谷底是油松与落叶松林,河床上是水生野生大黄橐吾——野荷。峡谷的尽头是冰瀑,沿河床蜿蜒延伸的道路正是秦始皇当年出巡的鸡头道。

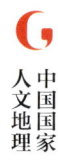

火石寨国家地质公园

火石寨国家地质公园位于西吉县火石寨乡，总面积达 97.95 平方千米。由于山体岩石呈现暗红色，如同一团团燃烧的火焰，因而得名

"火石寨"。这里被称为"中国的科罗拉多大峡谷",拥有陡崖、深谷、方山、丹峰、赤壁、丹崖、奇洞、石柱等奇特景观。

火石寨国家地质公园主要由云台山、石寺山、大石城三大板块组成,既蕴含西北戈壁荒原的雄浑,又兼容江南水乡的秀色,奇山、异石、茂树、仙窟堪称"四绝"。云台山景区集丹霞地貌、原始森林、佛道石窟为一体,既是中国北方面积最大的丹霞地貌分布区,又是中国迄今发现的海拔最高的丹霞地貌群。这里的丹霞地貌具有规模宏大、发育齐全、造型奇特、雄浑壮观的特点,石寨、石峰、石梁、石墙、石洞、石巷等微观绝景数不胜数。石寺山以石梁、峰丛、石墙、丹崖、赤壁著称。凌空崛起的石寺山巍然屹立于景区中央,是火石寨国家地质公园的标志性景点。大石城景区不但有拍案叫绝的石城天险,还有10余处120多孔开凿于北魏、兴盛于隋唐的石窟群,自然风光与人文景观相互映衬,别有意趣。

火石寨大石城

火石寨国家地质公园是宁夏唯一同时拥有国家地质公园、国家森林公园的旅游胜地，是国家4A级旅游景区和国家级自然保护区。公园内动植物资源十分丰富。在3万余亩天然林中，生长着辽东栎、白桦、

丁香等多个树种，出产数十种特色中药材，梅花鹿、猎隼、红腹锦鸡、獾等珍稀野生动物在此繁衍生息。火石寨国家地质公园是黄土高原西部保存较为完整的山地森林生态系统，为名副其实的高原明珠。

火石寨丹霞地貌

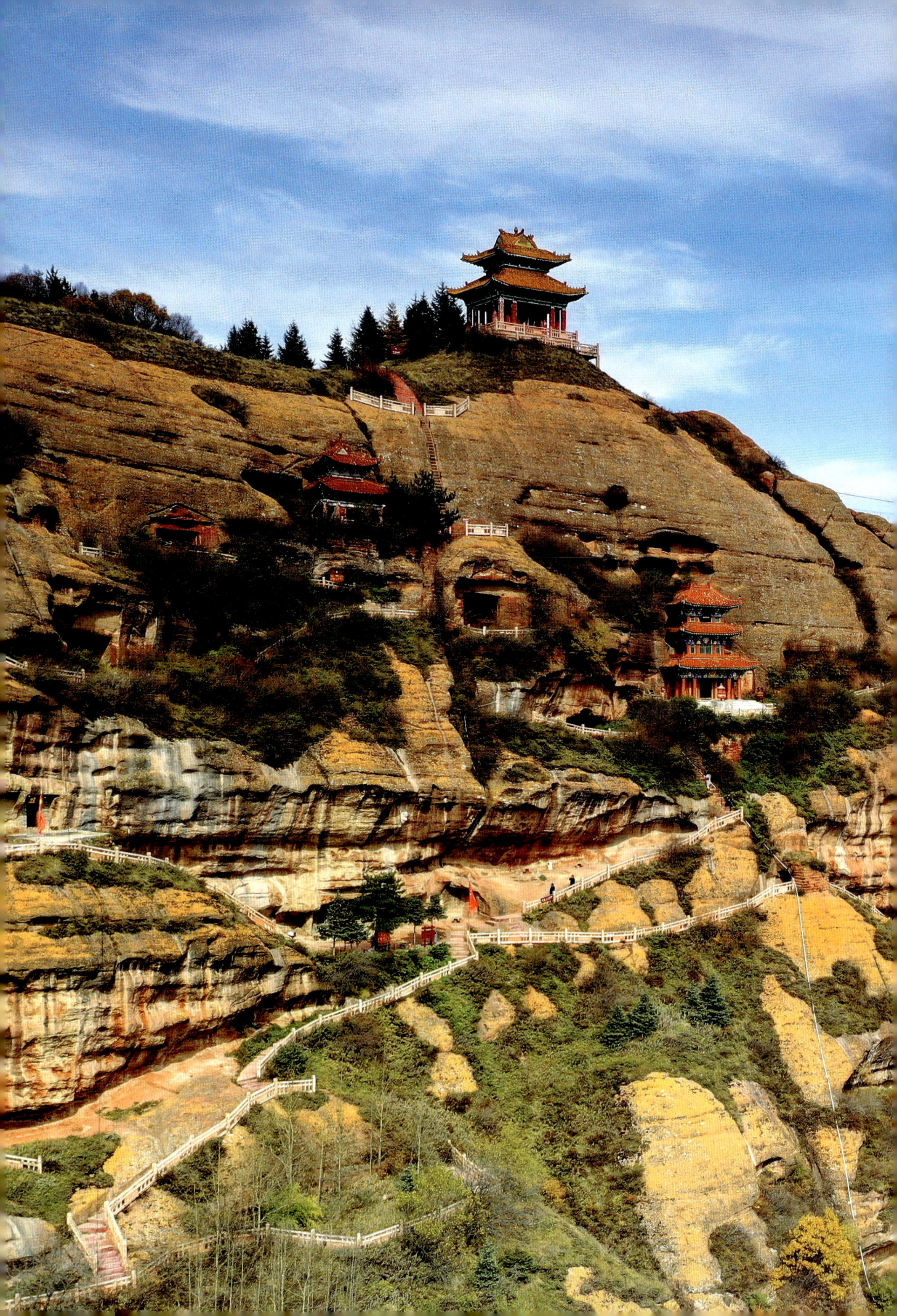

火石寨风光

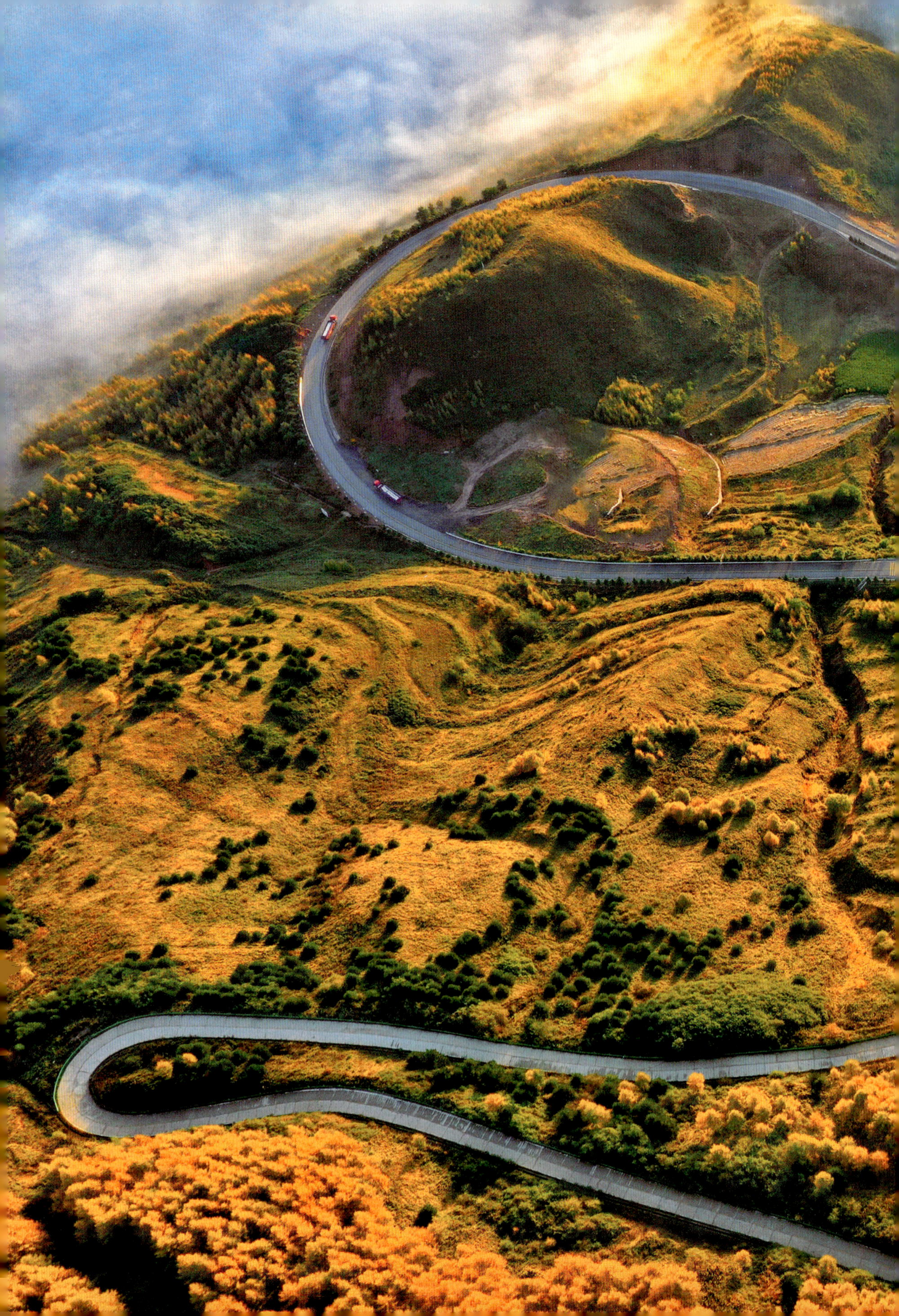

六盘山公路

老龙潭

老龙潭位于泾源县城南20千米处，因为泾河由此发源，故而俗称"泾河脑"。泾河奔流千里经过宁夏、甘肃、陕西三个省区汇入渭河后再入黄河，惠及两岸数千万民众，被誉为"黄土高原上的天然水塔"。

老龙潭由头潭、二潭、三潭、四潭组成。头潭在一片丛林石峡之中，由四五个小潭相衔而下，流水从最后一个小潭冲出后形成两道瀑布，蔚为壮观。二龙潭由两个葫芦形水潭组成，前潭的水从石坡流下注入后潭，给人以"清泉石上流"的美感。三潭是"龙下巴"，这里现已筑起大坝，变成"高峡出平湖"的水库。四潭是老龙潭的门户，奔涌而

老龙潭景区，俗称"泾河脑"，为泾河的南源

出的滔滔河水注入泾河。因为老龙潭流出的泾水清澈，遇渭河而不污，所以引出了"泾渭分明"这一成语。清乾隆皇帝对此很感兴趣，特派平凉知府胡纪谟亲往泾水源头考察，胡纪谟为此撰成《泾水真源记》。胡纪谟以诗文的形式道出了老龙潭至渭河下游"泾渭分明"的盛况："无数泉飞大小珠，老龙潭底贮冰壶。汪洋千里无尘滓，不至高陵不受污。"《泾水真源记》不仅探清了泾水本源，而且使成语"泾渭分明"一语得以印证，老龙潭因而声名远扬。

老龙潭作为六盘山旅游区的核心景区之一，由一河（泾河）、四潭、十景构成。四个大小不一、形状各异的石潭呈"之"字形排列，使

其呈现出"险、深、奇、秀"之势。老龙潭既因湍湍清澈之态、百泉汇流之势闻名，又以其雄险的风韵和美妙神奇的传说著称于世，雄奇秀美的自然山水与丰富厚重的文化底蕴相得益彰。

唐代著名传奇《柳毅传书》的故事据说就发生在老龙潭。书生柳毅在老龙潭奇遇被泾河小龙抛弃的龙女，十分同情其境遇，自愿助其传书洞庭龙君。得知女儿遭受虐待，洞庭龙君派弟弟钱塘龙王救回龙女后将其许配柳毅。柳毅不畏艰险千里传书，他与龙女的爱情故事成为千古佳话。民间演绎的话本故事《魏徵梦斩泾河龙王》中的泾河龙君就居于老龙潭，后被吴承恩改编收入《西游记》中。

老龙潭水库

胭脂峡

胭脂峡位于泾源县黄花乡羊槽村，东临崆峒山，西接六盘山，南与老龙潭相望。峡谷全长45千米，形成于奥陶纪。胭脂峡东险西奇，南秀北绝，奇峰怪石竞相崛起，各具神姿妙态，栩栩如生。胭脂峡石峰以"怪石""悬崖""峭壁"为景观内容，"幽、迷、奇、险"成为独特的名片。河水在奇峭的峡谷中潺潺欢唱，顺势而变，形成无数个瀑布。景区中心，满目尽是奇松怪石，名花异草，还有"观音赏曲""道人拜月"等奇异景观。胭脂峡下游与甘肃崆峒山紧密相连，山水倒映、云飞雾绕，一派仙境风光。

钟灵毓秀的自然风光，自然会催生美丽动人的神话传说。峡谷中有一处隐匿于群峦之间的清泉，一位路过的仙女在此沐浴后，泉水因沾染仙气而变得清香软滑。凡间女子若能得此泉水洗脸，皮肤就会变得娇嫩润滑，此地故而得名"胭脂村"，峡谷名唤"胭脂峡"。

胭脂峡景区山高谷深，千岩万壑、泉瀑潭池之间随处可见大自然

胭脂峡溪瀑

的鬼斧神工。一条长10千米、宽100~200米的大峡谷，在南、北两道峰峦之间自西向东延伸为V字形地缝。落差高达42米的胭脂瀑布堪称"宁夏之最"，有若万斛珠飞，在凌空倒泻中尽显奇伟瑰丽。得益于

胭脂峡景色

得天独厚的自然环境和优越的地理位置，胭脂峡成为以生态旅游、户外运动为主题的特色景区，为久居城市的人们提供了休闲娱乐、探幽赏景的理想场所。

固原梯田

固原地处黄河中上游，黄土高原西北边缘，境内丘陵起伏，沟壑纵横，梁峁交错，山多川少。

自20世纪60年代开始，从"三线建设"到"八七扶贫"、从西部大开发到脱贫攻坚，党中央系列决策部署都把梯田建设作为西海固脱贫富民的基础工程和根本任务来抓，固原全市人民战天斗地"坡改梯"，一任接着一任干，一张蓝图绘到底，唱响了西海固改头换面的"大地飞歌"。

时光飞逝，青山不负，历经几十年以小流域为单元综合治理的高效开发，固原市总结出"山顶戴帽子、山腰系带子、山脚穿靴子"梯田建设成功经验。按照"山水林田路"综合治理模式，"固原梯田"成为黄土丘陵区半干旱山区生态环境建设的样板工程。2014年，彭阳金鸡坪田园综合体旱作梯田入选"中国美丽田园"，被誉为"最美的大地指纹"和"中国最美旱作梯田"。2017年阳洼小流域被评为国家水利风景区。250万亩旱作梯田遍布六盘山峁间，条条田垄如链似带，从山脚盘

梯田公园

旋至山顶，层层叠叠，高低错落，镶嵌在黄土高原的每一道褶皱上，形成春赏山花、夏观梯田、秋品红叶、冬览雪景的四季画卷。

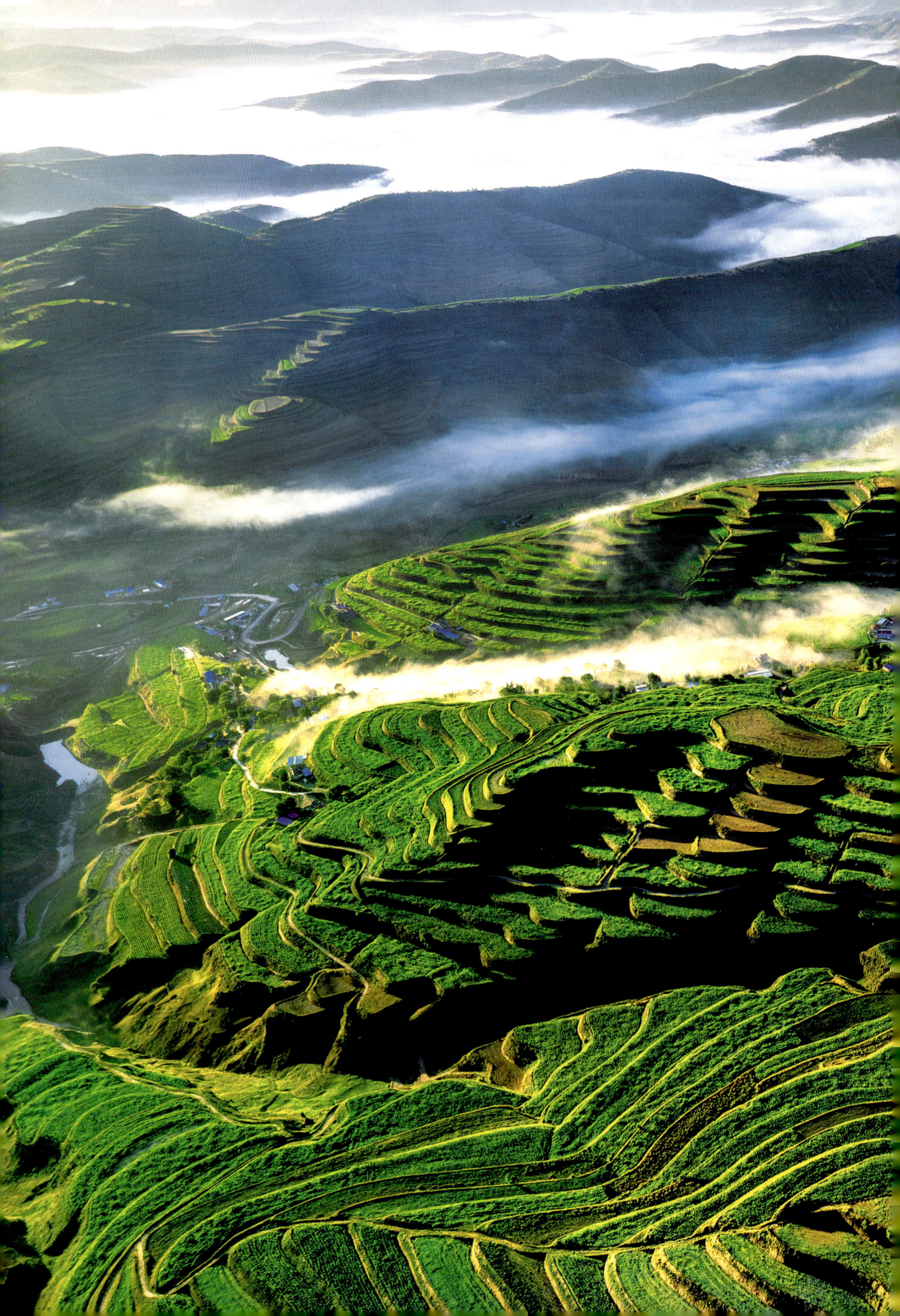

气象万千的大地

西吉震湖

震湖位于西吉县西南约 32 千米处的震湖乡党家岔，是 1920 年 12 月 16 日海原特大地震诱发黄土滑坡形成的堰塞湖。震级高达里氏 8.5

级、震中烈度达到 12 度的海原特大地震使得山崩地裂，河流改道，积水的河沟瞬间深达数十丈。地震造成规模巨大、数量极多的滑坡，使这一带的地貌发生了很大的改变。地震过后，堰塞湖星罗棋布。专家学者 1965 年在西吉考察时，发现有 43 座地震形成的堰塞湖，它们如串珠状点缀在河谷，成为干旱的黄土高原上独特的景观。位于党家岔的震湖形状狭长，水面东西宽 60 米，南北长 3110 米，总面积达 186 万平方米，平均水深约 12 米，最深处达 27 米，是世界第二大、亚洲第一大堰塞湖。

当灾难过去，炊烟在震湖周围的芦苇丛边袅袅升起，勾勒出一幅人们珍惜生活、重建家园的动人图景。波光粼粼的湖水与勤劳的人民共同续写着沧海桑田的变迁记忆。金秋十月，天高云淡，震湖湖水清澈碧透，湖边芦苇随风荡漾，野鸭成群结队在湖中觅食，四周群山环抱，层层梯田绕山梁，构成了一幅山重水复、山环水抱、山水交融的天然画卷。

西吉震湖

朝那湫渊

　　朝那湫是六盘山地区最大的天然湖泊，位于今原州区开城镇与彭阳县古城镇交界处。这一泓四季不增不减的神秘之水，不仅孕育出中华民族人文始祖的神话传说，而且荡涤了秦人部落历代王者的心灵，更见证了秦由边陲小邦走向中国第一个封建王朝的历史脚步。

　　据《史记·封禅书》记载，战国时期秦人就有"湫渊，祠朝那"的传统，湫渊具体位置在"安定郡朝那县，方四十里"，湫渊祠在"原州平高县东南二十里"，祭祀原因是因为其为"龙之所处也"。朝那湫是远古伏羲氏部落和华胥氏部落的活动地。伏羲氏崇拜的龙以蛇为主体，综合了牛、马、羊、鹿、鸟、虎、猪等许多动物的特征，是中华民族大团结、大融合的结晶。相传秦穆公为稳定东方局势，与楚成王在朝那湫盟誓，永世互不侵犯，共同承认秦、楚两国都是龙的传人，同为炎黄子孙。朝那湫不但是秦人归入华夏文化的盟誓之地，而且成为感化戎族部落的教育之地。秦王政二十七年（公元前220年），嬴政首巡北地郡时在朝那湫大兴祭祀。秦统一全国后继续祭祀朝那

彭阳县古城镇朝那湫

湫，这不仅是对秦人祭祀文化的继承，也是对中国古代祭祀文化的总结，规模之大可想而知。

茹河瀑布

茹河瀑布位于彭阳县城阳乡杨坪村，共有两处落差 9 米以上的连环瀑布。由于地壳变化和河床运动，瀑布下游形成了长约 3 千米的幽深狭长的峡谷。茹河发源于原州区大湾乡六盘山脉东侧，全长 171 千米，流经宁夏彭阳县、甘肃镇原县后在交口河镇汇入蒲河，随后依次通过泾河、渭河汇入黄河。

茹河瀑布不但有奇绝秀美的自然风光，还饱含厚重深沉的文化底蕴。茹河的发源地六盘山古称陇山，上古先民早在距今一万多年的新石器时代，就在这里点燃了文明之火。茹河瀑布是固原地域文化的重要象征，见证了固原大地的变迁与发展。

茹河瀑布

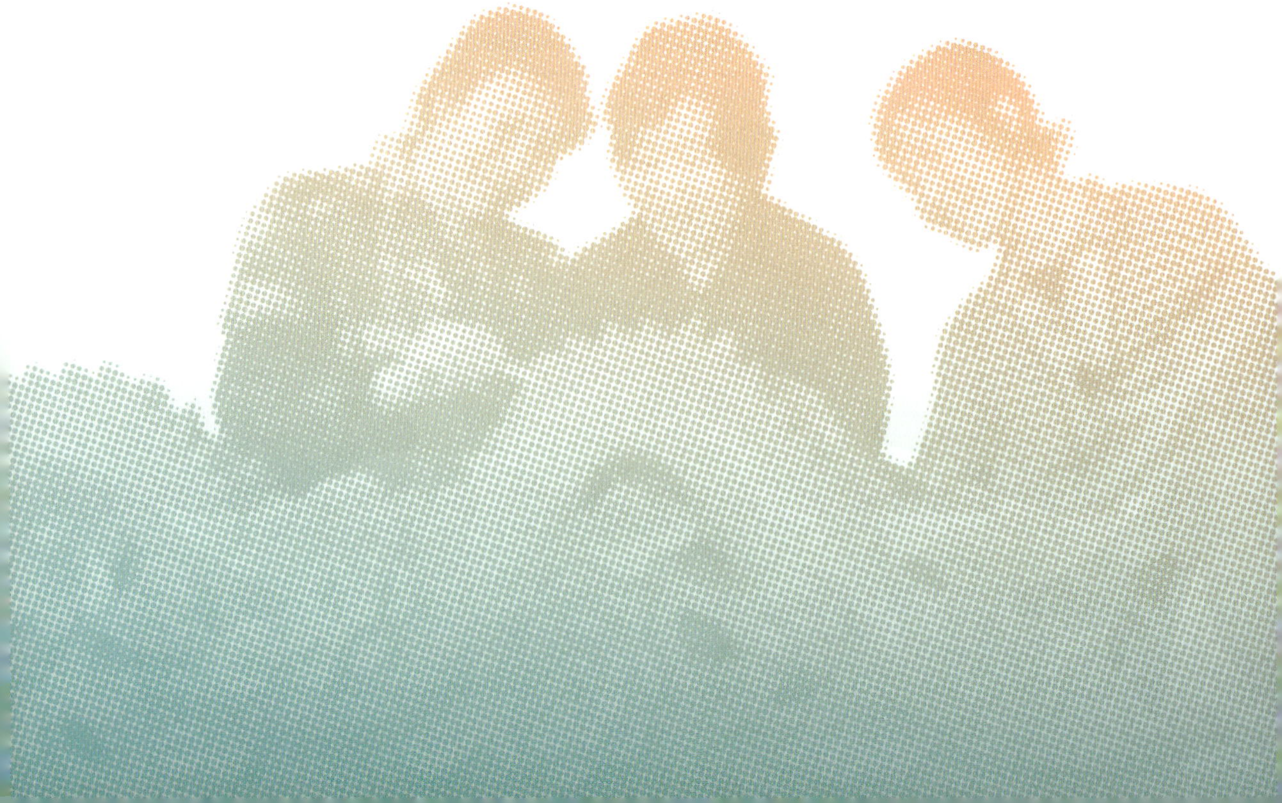

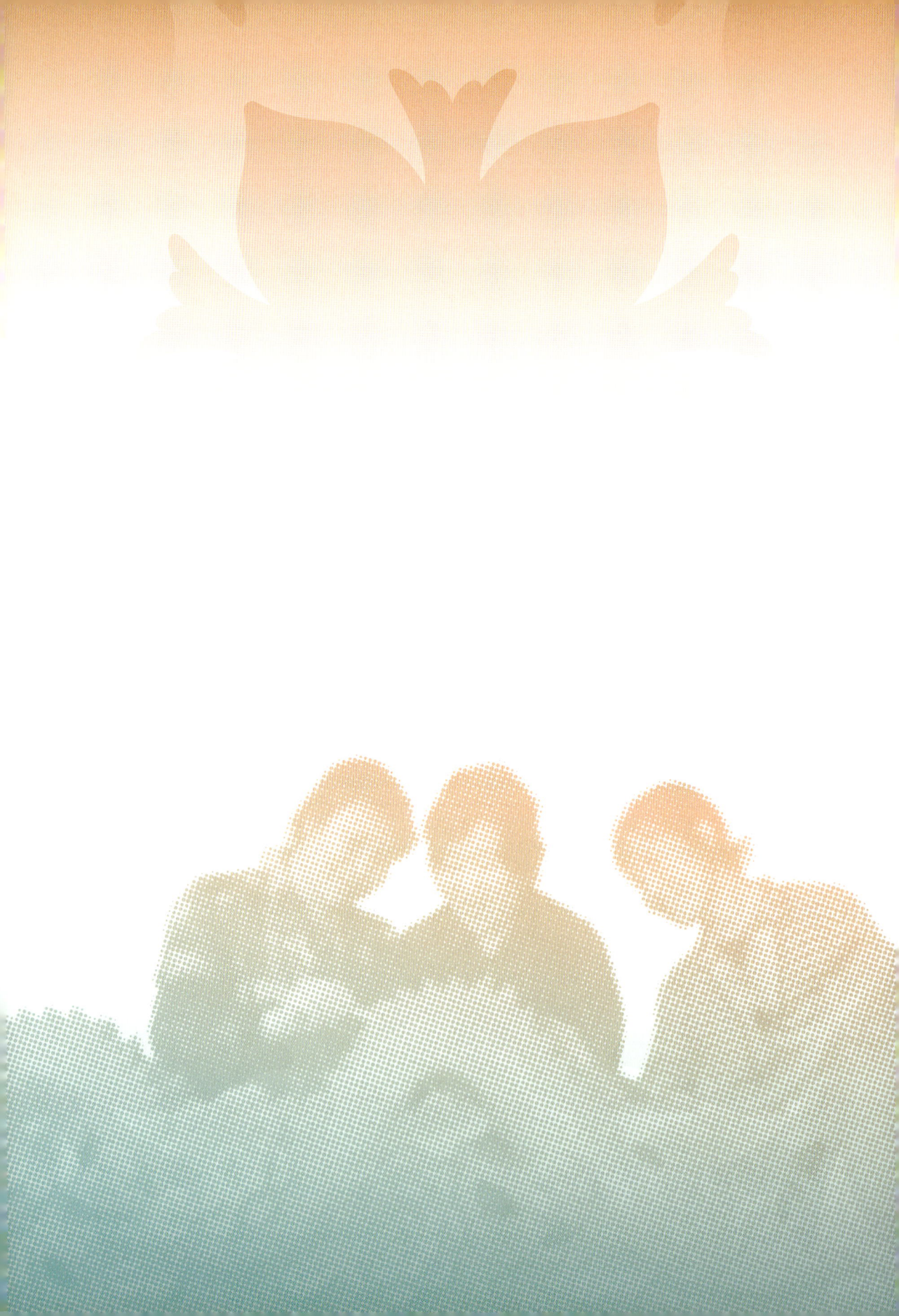

“非遗”民俗

多彩"非遗"
民间文艺

多彩"非遗"

回族民间故事

回族民间故事是一种在宁夏回族民众之间口口相传的民间文学，包括神话传说、故事笑话等类型。从民俗角度来看，回族通过世代相传的习俗，将历史、政治、经济、文化和日常生活中的人与事进行艺术性表达，形成了回族民间故事。

泾源县有黄土高原上的"绿色明珠"和"小九寨"之美誉，几乎每座山、每条沟、每眼泉都有神话故事，泾源回族民间故事具有十分鲜明的地域特色。

泾源回族民间故事包罗万象，多角度反映了历史、社会、民俗等多方面内容，既有《回汉自古是亲戚》等史事传说，又有《油香的传说》《郑和的传说》《杜文秀的传说》等人物传说，更有《回族结婚追马的来历》《斜贴茶壶的来历》等回族风俗传说，《太阳和月亮》《三姑娘与干海子》《白马泉》《米缸山》《堡子山》等风物传说也别有意味。

固原砖雕

固原砖雕这一宁夏传统技艺，是当地人民从长期的生产生活实践中孕育出的一种艺术，主要流行于隆德和西吉两县。从考古发现推断，固原砖雕起源于唐宋时期，成熟于明清两代。固原砖雕作品具有立意新颖、构图严谨、造型生动、雕工精细的特点，大多作为建筑物上某一部分的装饰品，镶嵌在砖木结构房屋的厅堂，正房外的正墙、侧墙以及庭院的影壁、门楼和券门之上。

固原砖雕的造型图案以植物纹样为主，并将几何纹样和编结纹样作为装饰，形成了独特的建筑装饰风格。

固原砖雕艺术在创作手法上分为"捏活"和"刻活"两种。所谓"捏活"，就是先用手和模具将泥巴捏制成龙、凤、狮形状和各种鸟兽、花卉图案，然后入窑烧制成成品。所谓"刻活"，就是在已烧成的青砖上，用刀、凿等工具雕刻出各种局部图案再拼凑成完整画幅。固原砖雕在技法上以精巧细腻见长，以圆雕、半圆雕突出主题，以浮雕相衬，综合运用各种刀法，充分吸收了中国画的"皴"法技巧，以现实主义与浪漫主义相结合的创作手法寄情于景，情景交融，表达了劳动人民热爱祖国山河的思想感情和对美好理想、幸福生活的向往和追求。

固原砖雕的主要工具有锛（即凿）、平刀和斜刀，所需材料主要为黏土砖（俗称青砖）。固原砖雕的制作要经过选土、

魏氏砖雕作品

固原魏氏砖雕制作过程

过筛、和泥、制坯、烧制等工序：先用红土油胶泥掺杂少量棉花、飞麻、马毛等配制成泥，然后将泥坯存放十日打磨数次后捏成骨架，再以小竹板雕刻成型，晒干后用软火（麦秸烧）窑烧制成成品，即黏土砖（青砖），然后用锛、平刀和斜刀，通过打磨、格方、落样、雕刻、安装完成制作。2014年11月，固原砖雕被列入第四批国家级非物质文化遗产代表性项目名录。

杨氏家族泥塑

杨氏家族泥塑这一中国民俗工艺品，是隆德县劳动人民祖祖辈辈流传下来的智慧和艺术创造力的结晶，是融民俗、艺术与现代科技为一体的综合性艺术。杨氏家族泥塑的历史可溯源到清道光十二年（1832年），该技艺一直以家族口、耳、手代代相传的方式传承，在长期实践

宁夏隆德县温堡杨氏家族泥塑

中形成自己的风格和特征。随着时代的发展，杨氏家族泥塑的传承谱系不再是封闭型的世家模式，而是通过师带徒的方式面向社会招收弟子，形成规模化生产。

杨氏家族泥塑在选料、酿泥、造像程序、色彩处理等方面都有自己的独特工艺。在泥塑艺术实践中，杨氏家族总结出在不同地区、不同土质的情况下采用不同配泥的酿制方法，使泥塑作品能永久保存。在造型比例上，杨氏泥塑大胆使用夸张手法，注重雄壮、敦实、憨厚风格的表达，形成了独特的杨氏家族泥塑人物造型特征。敷彩方面具有单色平涂、雍容华贵的特征，"三分塑，七分彩"成为杨氏彩塑的特色风格。杨氏家族泥塑艺术以反映本地传统审美情趣和风俗习惯为主，使用传统与现代相结合的手法，逐渐形成了以反映现实生活为主题的艺术作品，充分展示了六盘山地区民间传统艺术的丰富内容和多彩形式。

杨氏家族泥塑工艺流程极为复杂，工艺要求高，而且没有文字标准，没有统一模式，全靠塑者心领神会，根据不同创作题材即兴发挥。杨氏家族泥塑程序和技艺是杨氏祖辈长期实践的智慧结晶，蕴藏着丰富的艺术价值，难以为现代艺术手段所代替。

　　杨氏家族泥塑艺术是珍贵的民间传统雕塑艺术的延续，手艺人杨栖鹤作为杨氏家族泥塑第四代传人，本着"精益求精"的态度塑造每一件艺术作品。杨氏家族泥塑的艺术传承始终以师德相传，传艺先传德，要求每位传承人以提高自身修养和人品为先导，人品不正，艺品难成。杨氏泥塑以顽强的生命力在六盘山地区延续、流传，艺术影响力遍及西北几省（区），具有重要的历史价值。杨氏家族泥塑的题材以反映该地区民俗为主，每一件泥塑作品都代表着传统的民俗寓意，同人们的理想、信念紧密结合，杨氏家族泥塑堪称一部生动形象的民俗学史。

杨氏家族泥塑传承

隆德抬阁

阁是传统节庆活动中的一种民俗巡游表演形式，又称"角""歌""高""挠阁""脑阁""高装"。阁起源于中原地区的迎神赛会活动，后来逐渐传入西北地区，在清代盛行一时。阁在流传过程中与各地具体情况相结合，形成了不同的特色。阁熔绘画、戏曲、彩扎、纸塑等艺术于一炉，造型优美，场面壮观，为广大群众所喜闻乐见，在民间长盛不衰。

隆德县民间文化源远流长，抬阁堪称当地民间艺术的活化石。隆德抬阁源自民间祭神活动，独特的造型和绝技反映了当地民众的民俗特征、审美情趣和生活习惯。进行抬阁表演之前，先在家用方桌两边绑上1丈多长、3寸粗的两根木抬杆，抬杆的两梢头再绑上3尺多长、2寸粗的横桄，横桄的中部绑上抬杆，方桌上立着神灵牌位、牲畜、香炉、蜡烛等祭祀用品，由4个人抬着沿街庆贺，以还凤愿。随着时代发展，

隆德抬阁出巡

民众感觉原来的祭神办法太过单调且没气派，便改制为边长 4 尺多、高 3 尺多的方桌式样的专用抬阁底座，底座比方桌大很多，四角有 3 寸粗的底座腿，底座上面还设置了古建筑式样的过厅造型，在过厅里塑有神像，神像两旁站立两个手持拂尘的侍童侍女，神像前摆放着牲畜、香炉和蜡烛等祭品。抬阁底座两边绑有两根长约 1 丈、粗约 3 寸的木抬杆，抬杆两梢头绑有长 4 尺多、约 3 寸粗的木制横桄，横桄的两头部位绑着抬杆，抬阁人数增至 8 人。

抬阁作为社火队的重头戏，一般排在开路的四大令官之后，接着便是狮子、马社火、高跷、赶毛炉、花船、秧歌队、龙灯和竹马。抬阁前面配置有唢呐吹奏和锣鼓队伴奏，使之在形式编排上有了民间文艺的特征。隆德抬阁注重人物性格的刻画和内容情节的展现，不但丰富了艺术内容，而且拓展了艺术的发展前景与创造空间，更增强了艺术传承的生命力。通过无语言表演和静态造型美两大独有特性，隆德抬阁注重强调主观感受和意念表现，造型妙在"似与不似之间"，以富丽、精巧、玄妙而取胜是其独具的魅力。

西吉春官词

"春官"一词最早见于《周礼》："惟王建国，辨方正位，体国经野，设官分职，以为民极。乃立春官宗伯，使帅其属而掌邦礼，以佐王和邦国。"古代置官多以四时立名，所以在《左传》中有"春官为木正"的记载，"春者出生万物，宗伯掌邦礼，以事神为上"。从唐宋时期开始，春官已逐步变成主管天文历法的官职。这时的春官只有职衔，并无什么大权，已接近于民间的所谓"春官"职能了。后来，春官与民间社火融为一体。

西吉春官词表演

  在西吉民间，春节离不了社火，社火离不开春官，否则人无精神，年无味道，春无气象。社火演到哪里，春官就把春的信息带到哪里，把欢乐和热闹带到哪里，把吉祥和祝福送到哪里。

  西吉社火的春官说辞内容丰富多彩，涉及社会生活的方方面面，多以平常百姓的生活习俗、劳动生产为素材，见啥说啥，自然朴实。春官词讲究"天时、地利、人和"，突出喜庆、祥和、吉利、平安、祈福、辞旧迎新的内容，采用触景生情、借题发挥、锦上添花、报喜忌忧的方式，押韵顺口，方言突出，简练易懂。

  西吉春官词具有重要的历史价值和社会功能。第一，自古流传下来的依据耕作时序编排的"劝农"春官词，在传播农业知识的同时，体现出强烈的实用性和科学性。第二，传统的春官词，真实记录了西吉社会发展的轨迹，对研究西吉社会、历史、文化、民俗具有珍贵的文献价值。

第三，春官词具有歌颂优良传统、针砭时弊的积极作用，借助民间社火的艺术形式，通过说物、说景、说事、说人的方式淋漓尽致地发挥劝善醒世的说教功能，滑稽幽默，寓教于乐，对促进社会和谐有积极意义。

原州民间古建筑技艺

原州民间古建筑技艺是一门古老的手工营造技艺。固原曾被联合国称为"最不适合人类居住"的地区，自然环境恶劣，经济落后，但这里的人们在这片贫瘠的土地上以黄土为原料，形成了固原独特的生土、土木建筑模式。原州民间古建筑技艺是采用传统土、木、砖、瓦、草为主要原料和北方传统民间匠作做法的营造技艺，对研究六盘山地区民间建筑文化具有重要意义。

原州传统民间建筑营造技艺吸收融合中原文化、关陇文化，形成独特的六盘山区建筑特色，并与当地环境、气候、民俗等相适应，同时蕴含了道家文化、儒家文化、地理风水、气象医学、道德伦理等中华传统文化内涵。

原州古建筑建造技艺的形成与材料的选用蕴含着固原地区劳动人民的勤劳与智慧。原州古建筑巧妙地利用周围地形、植被等自然环境，因地制宜、就地取材、经济省工，是一门人与自然高度和谐的建筑营造技艺。

固原传统民间建筑主要为三合院式布局，主房为双坡顶安架房，坐北朝南。偏房为单坡顶趄厦房，位于东、西两侧。建筑墙下砌三层至五层碱砖，以上为胡墼（土坯）砌墙，黄土中加入粗麦草和成草泥砌筑，加细麦草、麦薏抹面，利于保温防寒。前砖码头，后砖挑檐，屋面铺青瓦，屋脊不设吻兽，作砖脊或砖瓦组合脊。院墙为夯土墙，做砖门

固原传统建筑上的木雕构件

楼或"穿靴戴帽"(下碱砖+中土坯+上墀头组合砌法)大门,建筑外观呈现出质朴厚重又简约平实的特点。

原州民间古建筑技艺自光绪年间传承至今已有120多年,以师带徒的方式世代相传。马振仁是这项精湛的建筑营造技艺的代表性传承人。1965年,马振仁出生于开城镇大马庄村,从小就对民间古建筑这门艺术有着浓厚兴趣。1982年,他拜崔仁、杨普选为师,开始学习木工、瓦工、石匠、油漆彩画等技艺。通过十余年的刻苦学习和风雨历练,马振仁成长为传统建筑技艺中的佼佼者,不仅熟练掌握木工技艺及各种榫卯结构,而且大木制作工艺精湛娴熟。大木结构要求每一个柱、梁、枋、檩都要严丝合缝,不能有毫厘之差。马振仁在制作大木结构中承袭了前辈们口传心授的顺口溜和口诀,既简单又精准。斗拱是原州古建筑中一个不可或缺的元素,马振仁制作斗拱的斗、拱、昂、升、翘各部件结合严密,棱角平滑,堪称一绝。马振仁通过走访师傅和请教民间艺人,使濒临消亡的当地民间建筑技艺得以传承和保护。

固原市非物质文化遗产分布示意图

国家级非物质文化遗产

- 西吉春官词
- 原州民间古建筑技艺
- 固原砖雕
- 杨氏家族泥塑
- 隆德抬阁
- 回族民间故事

（地图标注：原州区、西吉县、彭阳县、隆德县、泾源县、固原市）

省级 固原市

秦腔

秦腔主要有本戏、折子戏、秦腔演唱等形式，表演艺术采用传统的真嗓音演唱，音色高亢激昂，原始豪放。通过"唱做念打"四功，"手眼身法步"五法；乐队、演员间的相互配合，以及国风味十足的服饰妆容、传神的表演演绎出一段段感人的历史故事，一个个优美的神话传说。秦腔的表演粗犷、细腻、深刻，以情动人，富有夸张性。音乐为板腔体，善于表现悲壮、激昂和凄楚的情感。唱句为七字句，文词通俗，结构紧凑，表达人物思想感情质朴有力。秦腔唱腔分明，包括"板路"和"彩腔"两部分，每部分均有欢音和苦音之分。

省级 西吉县

剪纸

西吉剪纸艺术历史悠久、形式多样、题材广泛，有花鸟鱼虫、家畜家禽、戏曲故事、生活人物、吉祥娃娃等。其常采用"寓意""谐音""象征"等托物寄情的手法，表现作者对幸福和美好生活的追求。西吉民间剪纸刀法讲究"稳、准、巧"。作品主要特点是：形象夸张、简洁优美，线条流畅，富有节奏感；朴素自然，富有浓郁的乡土气息。

西吉木雕

西吉木雕多以吉庆有余、五谷丰登、龙凤呈祥、平安如意、松鹤延年等为题材，画面多取材于松柏、荷花、牡丹、菊花、石榴等草木花卉及仙鹤、梅花鹿、几何纹样等，同时配以云纹、字环等传统装饰图案，深受当地群众喜爱。

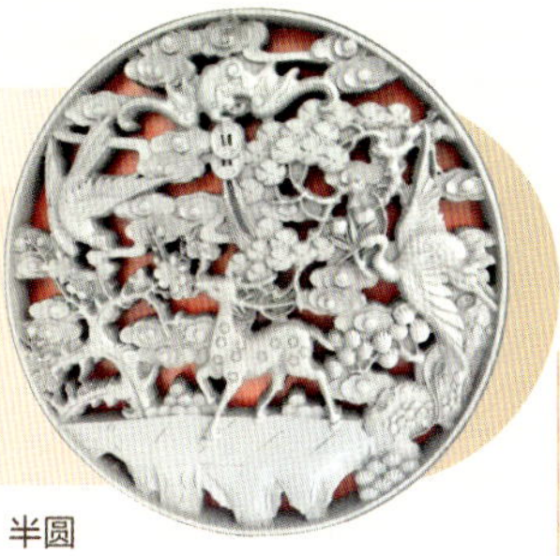

西吉砖雕

西吉砖雕艺术，在技法上以精巧细腻见长，以圆雕、半圆雕突出主题，以浮雕相衬。西吉砖雕运用各种刀法，并吸收了中国画的"皴"法技巧，以现实主义与浪漫主义相结合的创作手法，寄情于景，情景交融，充分表达了劳动人民热爱祖国壮丽山河的思想感情和对美好理想、幸福生活的向往和追求。

皮影

皮影戏人体比例夸张，头大身长，手臂过膝。男影人眼大额高、女影人眉弯眼小，通天鼻子，小嘴巴。皮影人物镂刻十分精细，刀法犀利多变，纹样华丽而疏密得体，造型各异，形象生动，着色鲜艳，反差分明，对比强烈。皮影人有五大部分，表演时可按剧情需要调换增减。给皮影人涂上红、黄、青、绿、黑等颜色后，就可以表达人物的善恶美丑了。

西吉县
- 刺绣
- 皮影
- 剪纸
- 山花儿
- 西吉砖雕
- 西吉木雕
- 回族民间乐器（口弦）

（固原市 原州区 彭阳县 西吉县 隆德县 泾源县）

山花儿

西吉"花儿"是民歌的一种，它的唱词都用当地方言，内容涉猎极广，国事、家事、抑恶扬善、男女情爱、伦理道德都有。西吉"花儿"不受形式格律的束缚，"五句子""三句子""二句子"都有，每句七字见多。每段内容可长可短，字数比较灵活，没有严格限制。任何场合都能喊唱，这是西吉劳动人民的独特创造。

刺绣

西吉刺绣在历史上已经达到很高的艺术水准，以针脚细致、线条流畅、风格粗犷为特征，具有浓厚的地域特色。随着城市化进程的加快，自然村落的日益衰退，传统刺绣生存状态岌岌可危，传承后继乏人。近年来，随着脱贫攻坚、乡村振兴战略的实施，非遗工坊扶持政策的持续推进，传统刺绣又焕发出新的生机。

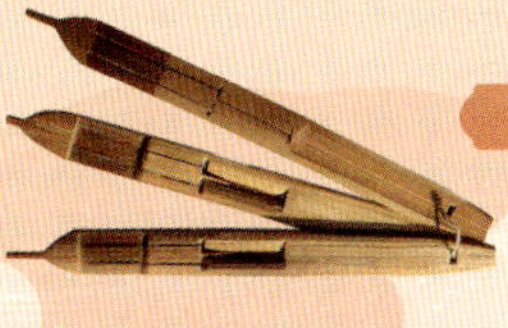

回族民间乐器（口弦）

口弦，也叫"口琴"，是一种衔在嘴边弹奏的小乐器，有竹制和铁制两种。竹制的有三寸长，扯线弹奏。铁制的有一寸半长，以手拨勾簧，经弹拨，中间的勾簧里外颤动，用口腔作共鸣箱并利用口腔的变化，舌头的一顶一抽，气息的呼出和吸进，来调节声音的变化，形成音阶。

省级　原州区

赵氏木板雕花技艺

一般采用木质细腻的木头，经过长期阴干，然后裁成需要的大小尺寸，抛平表面，画出需要的图案，经过雕刻，砂纸打磨，打蜡或着色，一件木板雕花便宣告完成。

金糜子酒酿造技艺

金糜子酒酿造技艺已经传承上百年，金糜子酒酿造技艺坚守传统的酿酒模式，严格遵循着天时节气，金糜子酒可谓"人酿一半，天成一半"。

原州区
- 南味居传统糕点
- 六盘山抟土瓦塑
- 宋氏截治疗法
- 赵氏木板雕花技艺
- 崔氏醪糟制作技艺
- 原州区古城硬花活
- 固原李氏针灸
- 金糜子酒酿造技艺
- 马氏活血祛瘀膏、复元散制作技艺

泾阳县
- 草编
- 纸织画

马氏活血祛瘀膏、复元散制作技艺

● 马氏活血祛瘀膏：择一洁净房屋取其火源，把一味特殊中药放在铜锅内慢火熬制十余小时。待到汤汁稀稠合适，具有黏性，绵滑沾手时即可关火。放置地面凉处24小时后，去其火性，再用当归、川芎、土鳖虫等研细为末，细度达到80目，徐徐倒入汁中搅拌均匀，装入瓷瓶中放置阴凉处备用即可。

● 复元散：选料采用道地中药材。由当归、川芎、桃仁、红花、元胡、郁金等组成，具有活血化瘀、祛瘀生新之功效。其中当归要酒浸，桃仁要用清炒，郁金、元胡用纯粮食醋浸透后晾干微炒，等等。古法炮制使其中药发挥更好疗效，研末后细度达80目，装瓶内密封备用即可。

宋氏截治疗法

1. 选优质艾草、晾晒加工；
2. 采用传统手法搓制艾炷；
3. 针对病情，选中穴位，进行施灸。

六盘山抟土瓦塑

六盘山抟土瓦塑的原料"抟土"即五色土掺和在一起的土。"瓦塑"即制作瓦的这门手艺。"抟土瓦塑"即用五色土烧制器物的手艺。烧窑前有固定的仪式，注重器物内在精神的表达。

南味居传统糕点

南味居传统糕点的内馅必须用上等的优质板油。选好板油之后，还要进行扯皮、抽丝、去血等流程工艺。将板油切成0.5厘米的小方块，兑好绵白糖，拌入青红丝、冰糖颗粒以及玫瑰花等，制成内馅。内馅准备好后，装入缸内，封口腌制，在常温下封存20天后便算完成。皮面由"酥"和"皮"两部分组成，成品要保证每块50克重量。点彩、烘烤、出炉，一步一步完成。传统包装用上等草纸为外皮，白纸做内皮，草绳包装，古朴大方。

原州区古城硬花活

1. 整料，将一块旧城砖外表的建筑残留灰浆打掉，按所需的尺寸切割成毛坯体。
2. 将毛料坯二次修整画线，打磨成正规形体。
3. 按照所画的线条进行切、割、凿、雕刻、打磨、修整等几道工序。
4. 最后给制成的砖雕上色彩。

崔氏醪糟制作技艺

醪糟又称酒酿、米酒、甜酒，是一种风味小吃。其色泽玉白，香味醇正。含有碳水化合物、蛋白质、矿物质等营养成分。用途多样，是既能热饮又能冷食的甜品。

固原李氏针灸

固原李氏针灸，是把传统中医针灸的针法和灸法相结合的合称。固原李氏针灸主要针对六盘山区患者独特的身体体质，利用针刺配合中药、艾灸形成一套特有的治疗手段，主要对颈肩腰腿痛、风湿、类风湿、中风、偏瘫等疾病进行对症治疗。固原李氏针灸具有鲜明的中国文化特色与地域特征，具有疏经通络、调和阴阳、扶正祛邪的功效。

省级　彭阳县

纸织画

纸织画制作过程要经过构思、绘画、裁切、编织、补色、装裱等工序，其中，绘画、裁切、编织、装裱是最主要的四道工序。

草编

草编是以草本植物为主要原材料制作日常生活用品的一种传统编结手工艺。编、结、扣、扎、绞、缠、拧、网、串、锥砌、盘、绣等丰富的编结技法，使草编成品造型多样、色彩绚丽，既具有艺术价值，又具有实用价值。

省级　隆德县

高台马社火

隆德县民间文化源远流长，民间社火种类繁多，诸如高台马社火、狮子等。高台马社火是六盘山区民间艺术的活化石，包含了表演、造型、语言、彩绘、手工制作等多种艺术类型。

剪纸

隆德民间剪纸形式多样、题材新颖、内容丰富。表现题材往往是人们最关心、最称心、最向往的事物。以花、鸟、家畜、娃娃以及吉祥图案和戏剧故事为主，其中寄寓着作者的追求，蕴含着祝福、倾慕、期望等心理因素。

隆德民间社火脸谱

隆德民间社火脸谱得益于深厚的文化积淀和广泛的群众基础。对于造型刻画有着约定俗成的模式，形成具有隆德特色的纹饰造型，以此展现社火节目中人物品德和性格。并将社火脸谱中所蕴含的中华传统文化的内涵表现出来。

隆德县

- 地摊戏（隆德许川地摊戏）
- 隆德民间社火脸谱
- 高跷（辛家高跷）
- 隆德民间祭山
- 隆德花灯制作技艺
- 剪纸
- 高台马社火
- 民间绘画
- 刺绣
- 吆逐

德隆彩塑

民间绘画

隆德县农民画具有强烈的民间艺术特征。主要体裁有门画、中堂、对联、贡笺、条屏、扇面等。按题材分类主要有吉祥吉庆、农事耕作、节令习俗、故事戏曲、历史典故、新闻时事、风景花卉等，堪称农耕社会生活的缩影和民俗生活的大观园。

隆德民间祭山

隆德民间祭山包含了民间庙会、民间祭祀，综合了民间戏剧演唱、民间器乐、民间手工艺、民间礼仪、民间原始信仰等各种内涵。祭山活动一般都在农历四月一日至四月八日，以村为单位或邻村联手，由群众推荐的专业剧团负责戏剧演出。

隆德花灯制作技艺

隆德花灯制作技艺传承久远，发展至今成为有地方独特风味的艺术品。隆德花灯创作融入的技术较为复杂，取材也比较宽泛。隆德县每逢春节，城乡布满宫灯、纱灯、大型地灯，营造出欢乐祥和的节日气氛。

吆逐

吆逐作为一种民间体育形式，大约起源于元朝，到现在已经有七百多年历史。

高跷（辛家高跷）

辛家高跷，已传五代，至今已有100多年历史。辛家高跷表演的整个过程是在节奏强烈的鼓乐声中进行，表演者激情满怀，观赏者惊心动魄，表演者的艺术语言和观赏者的心理需求达到了默契和互动。

地摊戏（隆德许川地摊戏）

地摊戏又名"耍社火"。隆德地摊戏的演出从正月初三开始到二月初二结束，历时一个月时间。二月二地摊戏班的人员在"社火头"的带领下扮下少许狮子毛同个别戏服点燃，名曰"烧社火"，表示了地摊戏的演出结束和一年劳作的开始。

魏氏砖雕

刺绣

隆德刺绣具有浓郁的地方特色，形式多样，内容丰富，载体大多是荷包、枕头、鞋垫、挂饰、炕围等，花鸟鱼虫皆可入绣。表现了当地深厚的文化底蕴，反映了六盘山区人民对美好生活的追求和向往。

省级　泾源县

泾源回族踏脚

踏脚主要以脚和腿部动作为主。只准踏，不准踢；只用脚，不用手；有单人、双人、多人踏。踏脚动作包括低踏、平踏、斜踏、蹬踏、扫踏、缠踏、双飞踢、旋风踏、鹞子踏等，其腿脚归结为六个字：踩、弹、踏、踹、扫、劈，配合紧密。结合迂回、穿插、进退、虚实的步法，是一种集娱乐、舞蹈、竞技和健身于一体的民间艺术。

泾源回族赶牛

泾源回族赶牛被称为"六盘山里的曲棍球"，早在唐代就有。到了宋代，又称为"步打"。这种球戏直到清末还在民间流行。

泾源县

- 泾源回族踏脚 ◆
- 泾源回族赶牛 ◆
- 泾源方棋 ◆
- 泾源回族花儿 ◆
- 泾源回族刺绣 ◆
- 泾源打鞑牛（打毛蛋）◆
- 陶器烧制技艺 ◆
- 泾源回族剪纸 ◆
- 麦芽糖制作技艺 ◆
- 泾源九碗十三花制作技艺 ◆

泾源回族刺绣

泾源刺绣历史悠久，形式多样、题材广泛，富有浓郁的乡土气息和生活气息，有一种朴实、大方的美感。刺绣作品形象多姿多彩，古朴浑厚，富有装饰情趣，因此深受当地回族群众的喜爱，也展示了别具特色的回族民俗风情。

泾源回族剪纸

泾源民间剪纸刀法"稳、准、巧"，形成剪纸艺术独具的"刀味纸感"。回族妇女剪的"十二生肖图"，特别是虎、金鸡报晓等，都是意念中的形象，不受时间、空间的约束。许多作品还寄托着回族人民追求美好生活的愿望，有着较为深刻的寓意。如"龙凤""金鸡""黄牛""骏马""双飞燕""领头雁"等，从表面上看是一般的飞禽走兽，但实际上经过巧手布局，大胆点题，借形寓意，极富艺术魅力。

泾源回族花儿

泾源回族花儿作为一种回族民间歌唱艺术，情韵悠长，高亢婉转，题材内容丰富，具有浓郁的乡土气息和鲜明的民族特征。演唱形式多样，灵活自由，唱词含蓄。

泾源打毽牛（打毛蛋）

打毛蛋的玩法有多种，可分为拍打毛蛋、踢毛蛋、传毛蛋、投掷毛蛋等。最有意思的是打毛蛋垒球、大人小孩都可以参与。参与者分为两队，每队少则五六人，多则八九人，以捉棒来确定谁先打。攻方打毛蛋，守方掷毛蛋让对方打、捡球并拦截对方跑垒。

麦芽糖制作技艺

麦芽糖从培育麦芽到制成成品糖，大概需要一周的时间。先用清水将小麦（或大麦）浸泡，让其发芽到三四厘米长；然后将小米洗净后与麦芽倒进锅里焖熟，经蒸煮、发酵、压榨等几十道工序后制成，整个流程要花上十三至十四个小时（不包括麦芽的培植过程）。

陶器烧制技艺

泾源泥陶主要有两种，一种是"素陶"，另一种是"黑陶"。素陶之美，在于自然素雅，抱朴守拙，回归生活。泾源黑陶技艺不断创新，在造型上讲究美观、高雅、古朴、野趣之美，形式多样，各具特色。

泾源九碗十三花制作技艺

"九碗十三花"是指过去农村筵席上的九大碗菜，把九碗摆成每边三碗的正方形；不管从哪个方向看，都是三行；再在正方形的四边上摆放四盘荤素搭配的凉菜，称为九碗十三花。"九碗十三花"是泾源回族的传统筵席形式，距今已有一百六十余年的历史。

泾源方棋

泾源方棋，没有专门的棋盘和棋子，也不需要裁判，只要找一个平坦干净的地方蹲下就能下方棋。用石子或树枝在地面上画上七横七纵交叉的线，构成棋盘上 49 个交叉点。甲乙两方使用的棋子，可因陋就简，随地取材，如小石子、土疙瘩、碎瓦片、碎砖块等。方棋是两人对弈，先下者二十五个子，后下者二十四个子。摆子时要绞尽脑汁，棋子的"术语"有"头码""二码""长腰""短腰""五花子""六角子"等。方棋战术多变，对弈双方先各自在棋盘上布子，棋子布满棋盘后再走子，后下者先取掉对方一子，每方一次可吃掉对方不成方的任一子（除"铁子"之外），最后以一方子将对方棋子吃光为胜。

民间文艺

文学之乡

2016年,时任中国作协主席的铁凝在西吉曾说:"文学不仅是西吉这块土地上生长最好的庄稼,西吉也应该是中国文学最宝贵的一个粮仓。"

20世纪80年代初,一群钟情于文学的西吉青年自发成立葫芦河文学社,创办了油印社刊《葫芦河》。他们体验着生活的甘苦,记录着社会的发展,寄托着自己的梦想,创作了大量反映西海固自然环境、风土人情的作品,西吉文学开始在这片土地上"生根发芽"。厚实的黄土和弥漫的乡愁铺就了当地作家们的文学之路,但苦难已不再是他们的底色。2007年,《葫芦河》由民间刊物正式步入规范办刊的官方文学殿堂。一路风尘,一路坎坷,《葫芦河》在全国众多文学内刊中脱颖而出。

2011年10月,中国第一个"文学之乡"落户西吉,标志着西吉县文学艺术事业步入了一个新的发展阶段。10年来,西吉县各级作协会

《葫芦河》

员有240多人，其中国家级会员18人，自治区级会员69人，市县级会员100余人，1300多人长期从事文学创作工作。据不完全统计，西吉籍作家有60多人出版了个人著作，100余人的作品入编各类国家级作品集。郭文斌、马金莲、了一容、火会亮、古原、牛学智、火仲舫、单永珍、赵炳鑫、赵炳庭等一批实力派作家在全国文学界有了一定的影响力。其中，郭文斌获得第八届茅盾文学奖提名、第四届鲁迅文学奖，女作家马金莲获得"五个一工程"奖、少数民族文学创作骏马奖和第七届鲁迅文学奖。西吉作家笔下的文字，连接着乡土根脉，见证着家乡兴盛的岁月，也向世人展示着文学之乡的新气象。以李继林、李义、樊文举、李耀斌、李兴民、西野等为代表的一大批西吉文学生力军，作品屡屡跻身中国文学专刊，显现出不俗的文学实力和创作实绩。就文学的自觉性、神圣性、群众性、普遍性而言，这一现象在全国是极为罕见的。以单小花、袁志学、康鹏飞、王敏茜、王对平、杨秀琴等为代表的一批农民作家，为西吉文学增添了新的色彩。李荣荣、马瑞、火瑞等一批青年和校园作家为西吉文学注入了新鲜血液，他们用文字展现西吉文学人的梦想与追求、情怀与担当、奉献与付出。

农耕文化、游牧文化、红色文化交相辉映，悠久辉煌的历史、底蕴深厚的文化积淀和淳朴的民风民情，汇聚成了西吉文学的根脉。文学作为西吉大地上的"铁杆庄稼"处处生长，成为当地人日常生活的精神引领。

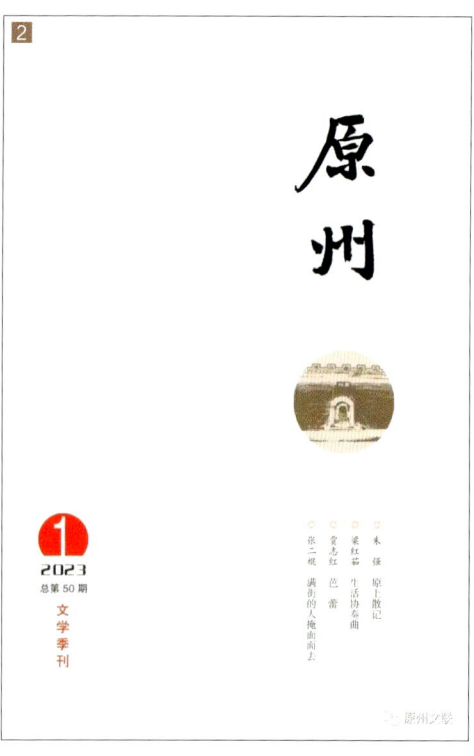

1 固原文学刊物《六盘人家》书影
2 固原文学刊物《原州》书影

书画大县

隆德县历史悠久，文化底蕴深厚，"工书擅画"之风历代传承，素有"书画之乡"的美誉，1991年被文化部（现文化和旅游部）命名为"中国现代民间绘画之乡"。

隆德县自宋代以来便书法家辈出，书法艺术长河群星璀璨。据史书记载，明永乐戊子科（1408年）隆德举人王政，擅书法，效欧体，其书法隽秀流畅。正统隆德贡生刘维孝，工山水，题词俱佳，书、画、词并重。万历隆德人张浩擅长大篆，写意花卉留世颇多。有清代书法家姚元之的力作、左宗棠的遗墨珍藏于县文物管理所，前来参观者络绎不绝。清代书法名人潘龄皋、范掘绪、马福祥等的书法作品，多次在县内被发现。散见于各地大小庙宇的楹联、墓碑的佳作，多为乡人所书。

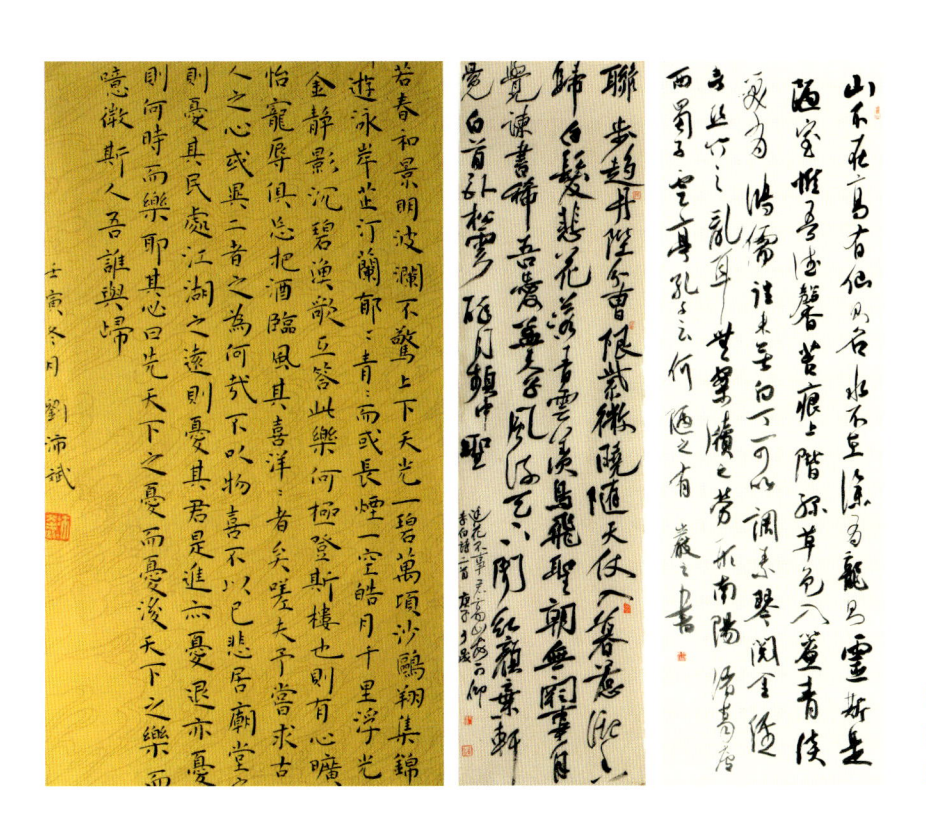

1 刘沛斌书法作品
2 于晟书法作品
3 赵岩书法作品

208

马成功绘画作品

饮水思源 记着养成 儿童浮游记忆之井

马成功绘画作品

　　隆德县群众崇尚文化，自古就有"家有字画不算穷"的说法，这里家家堂屋里悬挂中堂字画、条屏，户户门前张贴对联。常见于本地的中堂字画有山水画，有花、鸟、兽画。在这丰富多彩、璀璨夺目的"中堂文化"中，中堂联又以其内涵博大而独领风骚，光照隆德书坛。中堂联依据中堂字画的内容，上下联紧扣字画主题，韵律和谐，辞彩典雅，又因主人喜好不同和时代的变迁而各异，常常图相近而联不同，充分反映出人们审美情趣的多样性和思想观念的与时俱进。近年来，隆德先后有62人的158件书画作品被国内外各类大赛和期刊收录或刊载。

物产美食

特色物产
风味美食
面食大观

特色物产

固原马铃薯

固原海拔 1600～2300 米，松软肥沃的黄绵土、黑垆土适宜马铃薯

固原马铃薯

的大规模种植。每年4月中旬至5月上旬进行播种，9月中旬至10月初集中收获。

固原马铃薯具有芽眼较浅、表皮光滑的特点，分为淀粉加工和鲜食菜用两大类型，各有十几个品种。固原马铃薯淀粉含量在17%～22%之间，煮熟后表皮爆开，口感香糯滑润，深受广大群众喜爱。2017年1月，原国家质量监督检验检疫总局批准对固原马铃薯实施地理标志产品保护。

固原胡麻油

胡麻油又称亚麻籽油，西汉张骞出使西域后将亚麻带回中原，因此得名"胡麻"。胡麻的种植条件较为苛刻，冷凉气候、丰盈土壤和充足光照三个条件缺一不可，而固原市适宜种植胡麻这种油料作物。固原胡麻含油量超过56%，α－亚麻酸含量也远高于其他种植区种植的胡麻，亚麻籽油的活性更是位居榜首。

褐红色的胡麻油气味浓香，以温火进行煎、炸等烹饪操作时无烟无沫，不但适合炒菜、凉拌和制作各种糕点，而且在冬季低温条件下存放也不会凝固。胡麻还有润燥、解毒、止疼、消肿之效，所以临床上常以胡麻油煎熬膏药。清代以来，固原地区遍种胡麻，每个村庄都有自己的油坊，以土法榨油时远近飘香。胡麻经过晒、炒、磨、压榨等工序后，每百斤可出油30斤左右。胡麻油作为固原百姓的主要油料，包含食用、照明（清油灯）两种用途。土法榨油的油坊一直延续到改革开放之前，现在的固原胡麻油大多采用现代工艺压制而成。2016年，原国家质量监督检验检疫总局批准对固原胡麻油实施中国地理标志产品保护。

彭阳红梅杏

彭阳红梅杏

　　红梅杏的果实近似圆球形，果皮向阳面呈红色，背阴面呈黄色，是一种细腻多汁、酸甜可口的地方特色水果。经过检测，红梅杏单果重 40 克左右，可溶性固形物含量 ≥ 13.5%，总糖含量 ≥ 8.1%，总酸含量 ≤ 1.2%。彭阳县年平均气温 7.4℃ ~ 8.5℃，无霜期 140 ~ 170 天，降水量 350 ~ 550 毫米，属典型的温带半干旱大陆性季风气候，境内的黄土丘陵区适宜种植红梅杏。20 世纪 70 年代，彭阳人民在当地发现红梅杏新品种。之后，彭阳县开始栽植红梅杏。每年 6 月下旬至 7 月下旬当果实向阳面颜色变红即可采收。2012 年，彭阳县成立专业合作社，红梅杏产业发展驶入快车道。2016 年 12 月，原国家质量监督检验检疫总局批准对彭阳红梅杏实施地理标志产品保护。

彭阳朝那鸡

朝那鸡是彭阳县的地方特色鸡种，因彭阳古称朝那而得名。朝那鸡全身羽毛呈白色，耳叶黑色，冠、脚青色，宰杀后鸡皮呈有光泽的青黑色。朝那鸡鸡肉蛋白质含量≥22.40%，脂肪含量≤2.1%，具有纹理清晰、肉质细嫩、味道鲜香的特点。成年公鸡头颈昂举，尾羽高耸，胸部发达，每只重2～3千克。母鸡头小清秀，背宽腹圆，每只重1.75～2千克。

1986年，固原市对朝那鸡进行杂交改良，2007年1月成立彭阳县朝那乌鸡养殖协会。截至2016年年底，彭阳鸡养殖量稳定保持在150万只以上，年出栏约120万只，产值超过7500万元。2016年12月，原国家质量监督检验检疫总局批准对朝那鸡实施地理标志产品保护。

彭阳朝那鸡

泾源黄牛肉

黄牛肉享有"肉中骄子"的美称。泾源县地处宁夏六盘山东麓，属森林草原气候类型，具有"春寒、夏凉、秋短、冬长"的特点，适合发展大规模养牛业。泾源县自古以来重视发展畜牧业，已有近200年的黄牛养殖历史，当地人民积累了丰富的养殖经验。泾源黄牛肉呈樱桃红色，脂肪呈乳白色，肉质表面有一层薄膜，富有弹性。泾源黄牛肉瘦肉率为80%～85%，净肉率为43%以上，蛋白质含量在21%～23%，脂肪含量为0.1%～0.3%，具有肉质鲜嫩、瘦肉多、脂肪少、口感丰富的特点。2013年，泾源县年生产肉牛23万头，出产泾源黄牛肉21000吨。2014年5月22日，农业部（现农业农村部）批准对泾源黄牛肉实施国家农产品地理标志登记保护。

风味美食

五香羊羔头

五香羊羔头是固原的特色美食，当地流传的俗语"不吃羊羔头，不算到过固原"最能体现其名气。羊羔头的烹制非常精细考究，必须选择肉质细嫩、无膻腥、脂肪均匀的宁夏滩羊羊羔。宁夏滩羊是羊肉中的上品，被誉为"宁夏五宝"之一。羊羔头在制作工艺上追求料重味醇，肥而不腻、嫩而不膻，让人回味无穷。香气四溢的羊羔头具有暖胃的功效，深受固原地区各族人民的喜爱。

五香羊羔头

品尝五香羊羔头需要一定的仪式感：先掰开羊头上下颚，撕下滑嫩细腻、鲜美多汁的腮帮肉，再咀嚼肉质紧实、韧性十足的羊舌头，随后是滑嫩糯软、入口即化的羊眼仁，最后是酥软鲜香的羊鼻骨与软糯洁白的羊脑。如果这时再配上一壶八宝茶或砖茶，那真是一种"此物只应天上有，人间哪得几回尝"的难忘体验。在固原食客眼中，舌、眼、脑是羊羔头的三宝，浓缩了这道美食的所有精华。2016年11月，"五香羊羔头"荣获首届"中国金牌旅游小吃"奖。

羊杂碎

虽然我国食馔有"下水不上宴"之俗，但经过厨师的精心烹制，下脚料也能变成美味佳肴。羊杂碎又称"羊下水"或"羊下脚"，是由羊的心、肝、肺、胃、肠等原料混合烩制的美食，因质绵爽口、味美鲜香而深受固原民众喜爱。

羊杂碎

羊杂碎讲究"三料""三汤""三味"。"三料"分为主料和副料，羊杂碎的好坏就看主、副料全不全。正宗的全羊杂碎之主料（又叫三红）是心、肝、肺，下锅前切成碎丁或薄片。三副料（又叫三白）是肠（生油的）、肚（生味的）、头蹄肉（架碗充数的），下锅前切成细丝和长条。"三汤"有"原汤杂碎"和"清汤杂碎"之分，前者原汤原食的味道体现在鲜美清淡上，后者则是在原汤中氽过后重新添水和调料烹煮。"三味"指香菜末儿、辣椒面、食盐三道不可或缺的佐料，食客可根据自己口味自行调兑碗中的汤。羊杂碎吃法多样，兑汤、凉拌、烹炒皆别有风味。

固原拉皮

固原拉皮，具有味道别致、做法简单的特点。先取适量淀粉与水混合，静置待水和淀粉分层，倒掉上层的水，再加入淀粉重量一半的水后倒入盘中，入沸锅蒸烹。待拉皮起泡后取出，用凉水冲凉后慢慢揭开，一张晶莹完整的拉皮就制作完成了。将筋道的拉皮切成条状后盛入盘中，浇上一些由胡麻油、食醋、花椒水、盐调制而成的特色汁料，吃起来酸辣可口、爽滑至极，让人回味无穷。

羊肉泡馍

羊肉泡馍古称"羊羹"，本是源自陕西省渭南市临渭区固市镇的关中传统风味美食，清代中期以后传入固原，被当地群众改造为一道特色地方美食。固原的羊肉泡馍简称羊肉泡，因烹制精细、料重味醇、肉烂汤鲜、肥而不腻、营养丰富而深受当地各族人民欢迎。一碗热气腾腾、香气四溢的羊肉泡馍总令人垂涎欲滴。

固原拉皮

羊肉泡馍

用来制作羊肉泡馍的羊肉选材十分考究，必须选择地道的宁夏滩羊。鲜嫩爽滑、没有膻味的上等羊肉是羊肉汤的灵魂。泡馍则是一个二两的特制面饼，由九份死面和一份发面揉在一起后烙制而成，俗称饦饦馍。羊肉泡的传统吃法有单走、干拔、口汤、水围城四种，不同的吃法对应不同的掰馍手法和烹饪方式，馍的大小依次如黄豆、花生、蚕豆。"单走"指将馍掰到汤中吃，食后单喝一碗鲜汤，美其名曰"各是各味"。"干拔"又称"干泡"，煮好后碗中不见汤，能戳住筷子。"口汤"指泡馍吃完后就剩一口羊肉汤。"水围城"指宽汤大馍，就像大水围城。如果要吃"干拔"，就在碗上放一根筷子，其他三种吃法则不用。掰馍大小与煮法紧密相关，并不是馍块越细小越好。有经验的厨师会根据掰馍的大小判断食客的口味，从而知道加多少汤。掌勺大厨将掰好的馍倒入羊肉汤中大火快煮，出锅之时放入煮熟的羊肉片、粉丝、葱花、蒜苗、木耳、黄花菜和香菜，搭配晶莹剔透、酸辣可口的糖蒜，就可送到食客手中。红褐色的羊肉、黄色的黄花菜、洁白晶莹的粉丝、黝黑的木耳、翠绿的葱花和蒜苗，共同成就了羊肉泡馍这道美食。

搅团

搅团是"用杂面搅成的吃食"，可分为玉米搅团、洋芋搅团和荞麦搅团三种。因为固原地区多有种植荞麦的习惯，所以当地的搅团就以荞麦面为原料制作而成。固原民间普遍认为，判断谁家新娶的媳妇是否贤惠，就看她打的搅团光不光或筋不筋道。

制作之时，一边将荞麦面倒入开水锅，一边用擀面杖搅拌均匀，直至没有干面粉。注入一定量的开水后，用擀面杖将面团划成块状，待烧开冒泡时用力搅拌，直至均匀无颗粒。第二次注入开水加热，待熟后进行最后一次搅拌，出锅后趁热品尝。搅团的美味与否，还与佐味的醋水紧密相关，以胡麻油、辣椒、蒜泥、姜末、芝麻为原料的醋水才能与荞面搅团珠联璧合。荞面搅团这道著名的固原特色美食吃法多样，其中以"水围城"和"漂鱼儿"最具特色。经常成为当地百姓秋季收获新鲜荞麦后烹煮的第一道佳肴。"水围城"指醋水将搅团围在中间，边蘸边吃。"漂鱼儿"这种吃法类似汤面，先用筷子将搅团划成面鱼，加入面汤后调上醋水拌着吃。

搅团

九碗十三花

泾源县的传统美食九碗十三花，被认为是当地回族群众接待贵客的最高礼仪，经常出现在婚礼等喜庆场合。这种盛宴最初为九大碗菜肴，分为流水席和待客席两种形式。在当地民俗中，"九"不但代表最大的数字，还有谐音"久"之美意。因此，九碗席一方面表示上了最多的菜，同时也有相聚情谊长长久久的寓意。

流水席的接待场面较大，因宾客较多而将宴席摆在室外。厨师

九碗十三花

分别使用九口大锅炖菜,故而又名"大锅菜"席、"九碗"席、"九魁"席。主人一般根据经济条件确定菜品的原料,经济条件好的宰一头牛,条件差的宰一只羊,再搭配上当地所产的青菜、萝卜。流水席不仅在菜品上有固定搭配,而且在上菜次序上也有严格要求,依次为爆炒、小炒、烧肉、炖肉、萝卜片、热温(豆腐疙瘩)、酸食、甜饭、丸子。每次上桌只有一道菜,客人在品用这道菜时,主人才会去端下一道菜,逐一上桌,每次都是"光盘"。酸食、甜饭、丸子这最后三道菜又称"一酸一甜一丸",吃过即意味着宴席完满。待客席专门用于款待最为尊贵的客人,虽然食材、菜品与流水席相差不大,但上菜时要用大方盘将九道菜一次性上桌,四角和四边共八道菜,中间一道压轴主菜,多为一只整鸡或八宝甜饭。

随着经济社会的发展和生活条件的改善,泾源县回族群众在九碗的基础上增加了四个凉菜,形成"九碗十三花"的菜式。"花"是各种水果、干果、面点的总称,与荤素搭配的九大碗菜实现了营养均衡、口味相宜,煎炸炖炒焖样样齐全,真可谓当地百姓餐桌上的"满汉全席"。因为制作讲究、工序复杂,所以当地百姓家中制作"九碗十三花"时,亲戚、邻居多来帮忙,前后历时数天。"九碗十三花"不仅是接待来客的招牌菜,而且是了解泾源民间饮食文化的一个重要窗口。

隆德暖锅

暖锅是隆德民间的一道汉族特色煲仔菜肴,食材以白萝卜片为主,配以豆芽、粉条、豆腐、胡萝卜等家常菜,最上面是一层过了油的五花肉。六盘山地区气候凉爽,隆德暖锅一年四季不断,味从煮中来,香自火中生。暖锅的食器最好是砂锅,汤料以鸡汤为上。因为萝卜片已煮至

隆德暖锅

七八成熟，粉条也是提前泡好的，所以在砂锅中放足食材、调料后加足炭火，小火加热后就可品尝。

　　隆德暖锅分为混装、隔挡装和盖面子三种，不同的食材装法对应不同的餐食需求。混装适合多人聚餐，各种食材一起放入砂锅大火煮熟，大锅菜吃得热闹又痛快。隔挡装适合亲朋之间聚餐，食客根据各自喜好将分装在不同盘子的食材放入砂锅煮熟，边吃边聊气氛温馨。盖面子指锅内菜品混装，上面铺盖一层过油五花肉，可实现荤素口味的自由选择。门前雪花白，屋内锅子红，味道纯美、鲜香不腻的暖锅香溢四方，为隆德人民的幸福生活增添了别样味道。

面食大观

荞面油圈

荞面油圈是一款老少皆宜的固原民间小吃,因为香甜可口、油而不腻的特点而深受人们喜爱。得益于六盘山地区的独特气候,固原自古以来就盛产优质荞麦。科学研究表明,荞麦不但富含对人体有益的钙、铁、磷、镁、钾等重要元素,而且维生素B族、维生素E、维生素P、维生素C的含量也高于小麦,还含有丰富的膳食纤维,营养价值和保健功能已经引起广泛关注。

荞面油圈的制作方法十分简单,为固原地区广大群众经常品尝的美食。用开水将荞麦面粉拌匀,再连同面盆放置于80℃的水锅中10~15分钟,然后再取出凉至20℃左右。在面盆中掺入少许面粉,加入发酵面团后饧面一小时。取出饧好的面团后加入面粉搅拌均匀,用手捏成每个二两左右的圆形面饼,中间钻一小孔,用筷子夹住放入胡麻油锅中炸熟。刚出锅的荞面油圈光泽闪亮,香气扑鼻。

荞面油圈

生汆面

  生汆面是固原地区的传统小吃，因营养丰富、酸辣醇厚、回味悠长而深受当地百姓喜爱。汆面属快餐类面食，满足了快节奏生活消费群体的需求，具有制作讲究、食材丰富、色香味俱全的特点。生汆面一般选用鲜美的鸡汤作为汤底，先将手工擀制的面条或手工揪的面片煮熟后捞入碗中，盛入一勺原汁原味的鸡汤，再加入拌有调料的牛肉末儿，最后撒上一把鲜嫩翠绿的葱花与香菜提鲜提味。香气扑鼻的生汆面与美味的咸菜堪称绝配，彰显了固原风味，是宁夏代表性面食之一。

馓子

馓子是将油水面搓条后炸制而成的回族特色小吃，经常出现于固原地区各族人民的餐桌之上。在回族的盛大节日或婚娶之时，焦黄香脆的馓子必不可少，常因需求量大而提前两三天进行制作。馓子的制作工序虽不复杂，却需两人进行分工协作。先在面粉中放少许食盐，加水后揉成面坯，饧面两个小时。随后将面团切条搓成条状环绕盆中，上面抹一些食用油防止粘连。当盆中面条的弹拉力恰到好处时，一人将面条绕在手上抻成粗细一致的馓子条后放入油锅，一人用加长的筷子轻轻翻动，掌握火候煎炸上色，最后捞出呈曲别针状的金黄焦脆的馓子。

馓子

浆水面

浆水面作为以浆水做汤汁的一种面条，广泛流行于西北地区。固原一带的浆水面应源自甘肃、陕西两省的汉族移民。根据传说，浆水面是汉高祖刘邦与丞相萧何在汉中时所创。清凉的发酵浆水配上雪白的面条和白菜、荠菜等绿叶蔬菜，酸、辣、鲜、香，令人回味无穷。因为需要兼顾浆水发酵、蔬菜种类、降温解暑等因素，所以固原的浆水面多在夏天制作。盛夏时节的一碗浆水面，不但酸辣爽口，而且具有开胃之功效，令人垂涎欲滴。

浆水面的灵魂是经过发酵的浆水，所有味道都浓缩于这一缸清冽

浆水面

酸爽的玉液琼浆中。制作浆水的方法简单易行，在小缸内放入莲花菜或芹菜后倒上不沾油渍的纯净面汤，盖上缸口放在30℃以上的高温环境中发酵三五日。只要浆水味道变酸，口感纯正没有怪味，就是一缸合格的浆水。吃面之时，取一盆浆水煮沸后晾凉，在炒锅中放入少许胡麻油，炒香花椒和葱花后加入凉浆水待用。捞出煮好的手擀面条，浇上调好的浆水，撒上一小撮碎香菜与红辣椒丝，一碗香喷喷的红花绿叶浆水面就做成了。如果佐以凉拌黄瓜，浆水面的清爽滑溜配上黄瓜的爽脆和蒜泥的辛辣，那种沁人心脾的凉意和上头的酸爽口感令人欲罢不能。

燕面糅糅

燕面糅糅本是一道老少皆宜的固原特色小吃，柔韧筋道的口感和酸辣的味道使其流行于宁夏各地。燕面就是莜麦面，因固原人习惯称莜

燕面糅糅

麦为燕麦而得名。燕面糅糅虽然看似凉拌莜麦面条，实际上却与之有所区别。燕面糅糅并非擀制而成，而是通过特殊的模具挤压成型，因而才有色泽白亮、细而不断、口感柔韧的特点。除作为日常餐食外，现在燕面糅糅已经进入宴席成为一道上桌凉菜，深受不同年龄段食客的喜爱。燕面糅糅的用料十分考究，不但需要上好的荞麦面与熟胡麻油，而且必须搭配熟韭菜、熟菠菜、蒜苗等绿叶蔬菜，作为味觉灵魂的油泼辣椒、蒜泥、醋更是不可或缺。

荞面饸饹

荞面饸饹是著名的陕西面食小吃，与兰州牛肉面、山西刀削面共称"北方面食三绝"。固原的荞面饸饹源自清代中后期移民至此的陕西民众。饸饹，古称"河漏"，为荞麦面制成的面饼或汤饼。荞面饸饹的主要原料为新鲜荞麦面，其制作的面条具有色黑条细、筋韧爽滑、清香利口的特点，筋道不断条。

制作荞面饸饹的工序并不复杂，只需荞麦面粉、水、食用碱和食盐四种材料。

将精制荞麦面粉用温水和成面团，取适量面团放入专用模具饸饹床内按压成面条状落入开水锅中，煮熟后捞入温水盆，加入肉汤、素汤、杂酱等汤料即可拌食。因为饸饹并非刀切而成，而是通过压床子压制，所以格外筋道弹牙。压床子时，将一根粗木条凳似的木架子支在锅上，和好的荞面揉成团塞入对着锅的一个漏斗状圆孔，用力压下圆孔上方的塞子，条条荞麦细丝便落入锅中，俗称"锅开压、锅开打"。美味又健胃的荞面饸饹是固原百姓餐桌上的家常菜，夏可凉吃、冬可热吃的特性使其广受欢迎。

发展成就

> 脱贫圆梦小康圆满
> 经济增质民生增福
> 生态变优环境变好
> 城市更靓农村更美
> 改革破局开放破题
> 民族和睦社会和谐

脱贫圆梦小康圆满

固原市始终践行习近平总书记精准扶贫、精准脱贫方略，改造农村危房 7.8 万户，行政村标准化卫生室、基本医保、安全住房实现全覆盖，安全饮水保障率达 100%。5 个贫困县（区）全部摘帽，624 个贫困村全部出列，26.7 万现行标准下农村贫困人口全部脱贫，彻底撕掉了西海固"苦瘠甲天下"的历史标签，全面建成了小康社会。

精准扶贫 精准脱贫方略

固原人民广场群众活动

经济增质民生增福

固原市始终践行习近平经济思想和以人民为中心的发展思想，全市GDP五年年均增长5.8%；城乡居民收入五年年均分别增长6.9%、10.6%。学前教育普惠程度居宁夏前列，义务教育基本均衡发展通过国家评估认定，建成国家公共文化服务体系示范区，公共卫生服务网络实现城乡全覆盖。面对新冠肺炎疫情多轮冲击，全市上下众志成城、共克时艰，以最短时间、最小代价取得较好防控效果。

学前教育普惠程度居宁夏前列

宁夏固原第一中学

生态变优环境变好

森林覆盖率
29.67%

固原市始终践行习近平生态文明思想，2022年年底森林覆盖率、草原综合植被率达到29.67%、86.2%。水土保持率达到80%。单位GDP能耗是宁夏平均水平的40%。全面完成自治区下达的PM_{10}、$PM_{2.5}$的目标任务，

空气质量达到国家二级标准。土壤环境质量总体安全,"五河"水质全面达标,国控断面优良水质比例由60%提高到87.5%,集中式饮用水水源地达标率为100%,黑臭水体消除率为100%。建成国家生态文明建设示范区。

集中式饮用水水源地达标率为
100%

高原绿岛

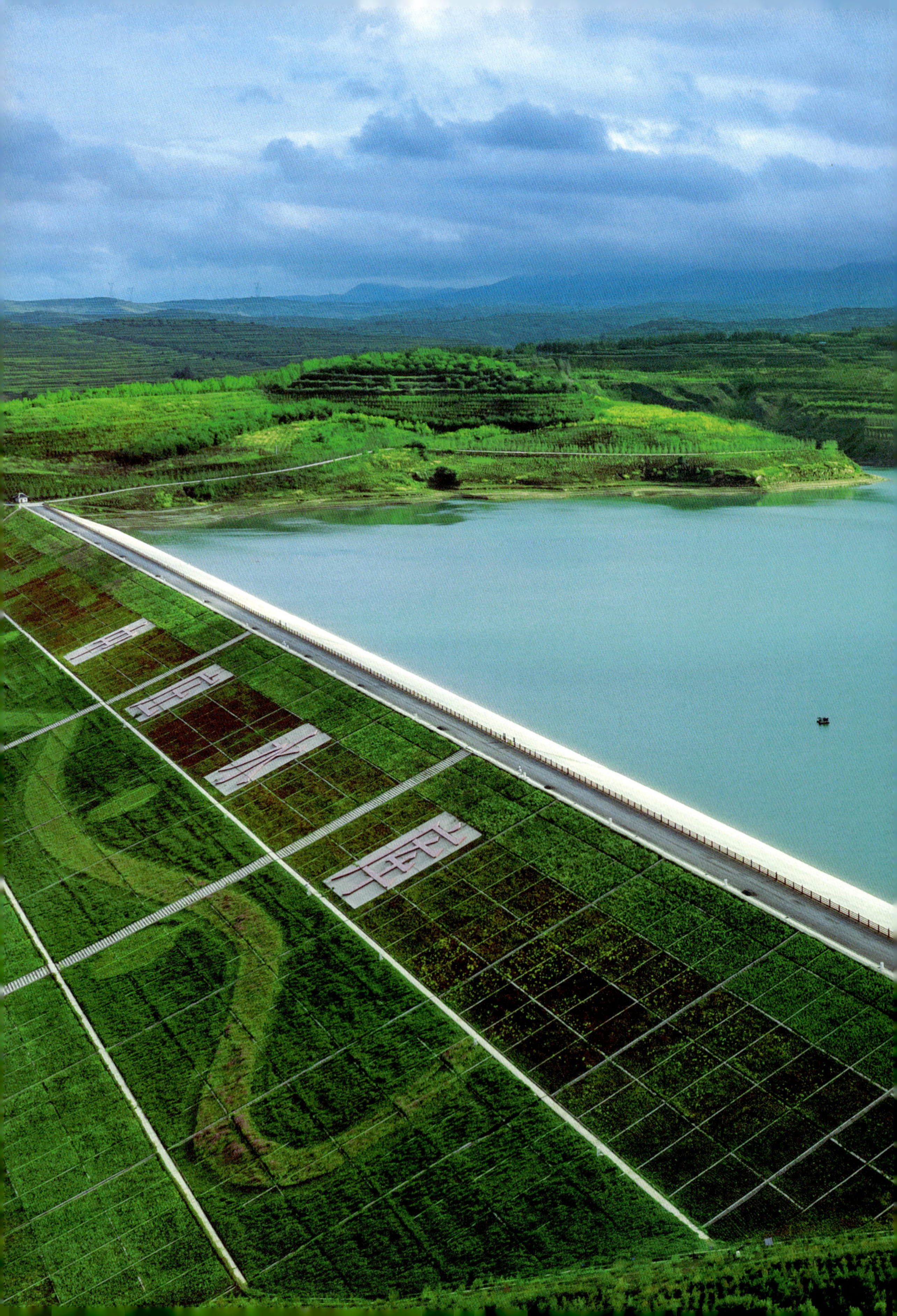

原州区中庄水库

城市更靓农村更美

国家园林城市

　　固原市始终践行习近平总书记城乡融合发展的重要指示，海绵城市试点建设让城市既有"面子"、又有"里子"。老旧小区、棚户区改造让5.15万户居民喜迁新居、安居乐业。新增城市绿地106.7万平方米，建成国家园林城

节日城景

市、国家卫生城市，城市的现代感日益增强。中南部城乡饮水安全水源工程、黄河水调蓄工程建成，圆了固原人民"不吃苦咸水、喝上泾河水、用上黄河水"的百年梦想。建设美丽小城镇 38 个、美丽村庄 164 个。县县通高速、村村通硬化路。城镇化率从 2018 年年初的 36.31% 提高到 2022 年年底的 46.2%。

国家卫生城市

改革破局开放破题

创新推进"六权"改革

固原市始终践行习近平总书记"越是欠发达地区,越需要实施创新驱动发展战略"的重要指示,改革攻坚多点突破,创新推进"六权"改革,颁发宁夏林权不动产"第一证",签订跨市水权交易"第一单",敲响农村集体经营性建设用地入市"第一槌",资源有价、使用有偿、交易有市、节约有效的制度体系初步构建。政法、城管、医疗

等领域改革成效明显。营商环境向优而行,"放管服"改革破茧成蝶,便民惠民"163"政务服务模式实现市县一体化运行,"办事不求人、合规自然行"成为固原营商环境最鲜明的标识。交流合作成果丰硕,深化闽宁协作,成功举办陕甘川宁经联会、第28届西交会固原分会,积极参与中阿博览会,对外开放内引外联持续扩大,固原正以更加积极主动的姿态加快融入新发展格局。

深化闽宁协作

西吉县城新貌

固原市2022年"民族团结进步月"启动仪式现场

民族和睦社会和谐

建成全国民族团结进步示范市

固原市始终践行习近平总书记铸牢中华民族共同体意识的重要指示，深入贯彻党的民族政策和宗教工作基本方针，建成全国民族团结进步示范市，各族群众共同团结奋

"村BA"绘就民族团结新样板

斗、共同繁荣发展的生动局面进一步巩固，民族团结之花常开长盛。健全完善应急管理体系，安全生产形势稳定向好。食品药品安全持续加强，全域创建有力有效。创新推行"1+1+3"基层治理机制，重复信访治理、积案化解进度质量居宁夏前列，荣获平安中国建设示范市称号。

平安中国建设示范市

城市蓝图

建设宁夏副中心城市
建设生态文旅特色市
建设高质量发展先行市
建设乡村全面振兴样板市
建设铸牢中华民族共同体意识示范市

固原市坚持以习近平新时代中国特色社会主义思想为指导，以习近平总书记视察宁夏重要讲话指示批示精神为"纲"和"魂"，认真学习宣传贯彻落实党的二十大精神和自治区第十三次党代会精神，坚持稳中求进工作总基调，完整、准确、全面贯彻新发展理念，主动服务和融入新发展格局，以黄河流域生态保护和高质量发展先行区建设为牵引，统筹发展和安全，紧扣"三区建设""四新

任务""五大战略",聚焦"红色固原、绿色发展"战略定位,实施产业千亿倍增、投资千亿倍增、改革创新驱动"三个计划",建设宁夏副中心城市、生态文旅特色市、高质量发展先行市、乡村全面振兴样板市、铸牢中华民族共同体意识示范市,大抓发展、抓大发展、抓高质量发展、实现"赶超式"发展,奋力建设乡村美、生态好、文旅旺的现代化美丽新固原。

奋力建设乡村美、生态好、文旅旺的现代化美丽新固原

隆德县城新貌

建设宁夏副中心城市

实施"六大工程"

坚持生态立市、产业强市、特色富民，实施"绿色经济圈"战略，实施"六大工程"，打造引领中南部高质量发展经济中心、辐射六盘山区宜居宜业中心、全国生态文化旅游中心。到2025年地区生产总值突破500亿元，三次产业结构调整优化到14：30：56，农业综合效益达到

全区平均水平，工业集群化、规模化、现代化发展水平不断提升，现代物流业总收入达到 100 亿元，旅游业收入达到 90 亿元，全社会 R&D 投入强度 1% 以上。全市常住人口城镇化率达到 49.8%，中心城区经济首位度达到 43%，营商环境便利度为 73% 以上，进出口总值达到 3 亿元。居民人均可支配收入超过 2.5 万元，年均增长 8.6%，城乡居民收入比逐步缩小。

现代物流业总收入达到 100 亿元

泾源县城新貌

建设生态文旅特色市

紧盯"红色固原、绿色发展"的战略定位，聚力打造绿色发展引领地、文化繁荣示范地、生态文旅目的地，打响"天高云淡六盘山"生态文旅品牌，奋力建设乡村美、生态好、产业兴、文旅旺的美丽新固原。到2027年，森林覆盖率、草原植被综合盖度和水土保持率分别达到21.77%、87.5%和82.34%，"五河"国控断面水质优良比例保持在87.5%以上，空气优良天数比例稳定保持在90%以上，单位地区生产总值用水量、能耗保持全区平均水平，绿色引领力持续增强。

空气优良天数比例稳定保持在 90% 以上

彭阳县城新貌

建设高质量发展先行市

　　实施产业千亿倍增计划，力争用5年左右时间，实现"五特五新五优"产业全产业链产值在2021年基础上翻一番，达到1300亿元以上，三次产业结构比例调整优化到14：30：56。实施投资千亿倍增计划，谋划实施一批亿元以上重点项目，力争5年累计完成项目投资突破1700亿元。实施改革创新驱动计划，围绕产业链布局创新链、激活创新链升级产业链，加快推进科技成果转化应用，力争2026年全社会R&D经费投入强度实现1%以上。

"五特五新五优"产业

建设乡村全面振兴样板市

统筹"五大振兴"

统筹"五大振兴",促进农业高质高效、乡村宜居宜业、农民富裕富足。振兴产业"富民",推动特色农业形成集研发、种养、加工、营销、文化、生态为一体的现代农业全产业链,力争过渡期后脱贫群众人均收入达到农村居民人均收入水平。振兴人才"强农",多措并举吸引更多优秀人才返乡创业、下乡立业、在乡守业、留乡兴业。

固原农村新貌

振兴文化"铸魂",激活城市文明"细胞",拓展"积分制"内涵,叫响固原"文学之乡""诗歌之乡""书法之乡"文化品牌,让乡风美、人心聚、动力足。振兴生态"塑形",建设和美乡村,保留乡景乡味、乡风乡韵。振兴组织"壮骨",深入推进农村党建"一抓两整"示范县乡创建行动,持续发展壮大村集体经济,健全完善乡村治理体系,绘好六盘山下"富春山居图"。

建设和美乡村

建设铸牢中华民族共同体意识示范市

大力弘扬中华民族伟大精神，深化感恩、认同、法治"三项教育"，推动各民族树立正确的国家观、历史观、民族观、文化观、宗教观，增强国家意识、公民意识、法治意识，全面推进中华民族共有精神家园建设。积极推广

"5585"创建模式，以小区、村组为基础单元，引导各族群众互嵌式居住生活，鼓励各族群众多走动、常来往，促进各民族广泛交往交流交融，巩固发展各族学生混班共学、各族职工共事共乐、各族群众共建共享的生动局面，夯实创建工作的"细胞工程"。全面提升民族事务治理水平，持续深化民族团结进步创建工作，争创一批国家和自治区级示范单位，做实创建工作的"支柱工程"。

今日固原　大美原州

附 录

《中国国家人文地理·固原》编纂工作由固原市委宣传部负责统筹。市委办、市政府办、市委政研室、市发展改革委、市工信局、市民政局、市自然资源局、市生态环境局、市住建局、市交通局、市水务局、市农业农村局、市商务局、市文旅局、市统计局、市乡村振兴局、市文联、市委党史研究室、市新闻传媒中心、市地方志研究室、市档案馆、市气象局、固原博物馆、各县（区）党委宣传部等单位提供文字及图片资料。

本书第8、10、12、060、123、134、195页图片由视觉中国提供。

责任编辑：张　娴

复　　审：卜庆华　陈书香

终　　审：陈　宇

整体设计：方　芳

设　　计：风尚境界　周怡君

地图编绘：封　宇　风入松文化

信息图表：风入松文化　周怡君　风尚境界